Gramática China

Una Aproximación a las Estructuras del Mandarín

3

Hou Ma Publishing

© 2024 David Lorente
Editorial: BoD · Books on Demand, Calle de Manzanares,
4, 28005 Madrid, bod@bod.com.es
Impresión: Libri Plureos GmbH, Friedensallee 273,
22763 Hamburg (Alemania)
ISBN: 978-84-1373-952-6

PRESENTACIÓN

En este tercer volumen vamos a profundizar más en algunos conceptos presentados en el volumen anterior. Además su viaje lingüístico continúa profundizando en aspectos más avanzados de la gramática. En el se presentan contenidos como las oraciones con 把, el complemento de dirección simple y compuesto y sus usos más allá de su significado literal. También podrá masterizar el uso de la voz pasiva y ampliará notablemente la manera de relacionar sus oraciones e hilar su discurso con un notable número de conjunciones.

Ni la presentación ni el modo de ordenar los contenidos en este nuevo volumen deberían sorprenderle. Cada sección se inicia con una breve descripción de los puntos que vendrán a continuación. En cada punto gramatical se remarcan los conceptos que debe tener claros antes de seguir con la lectura y en los puntos relacionados se ofrecen referencias a puntos gramaticales donde ciertos conceptos se tratan en profundidad o bien le indican donde podrá encontrar más detalles o ejemplos.

Esperamos que disfrute de su lectura.

chē dào shān qián bì yòu lù

车到山前必右路。

Literalmente "Cuando lleguemos a la montaña habrá un camino para pasar."
Preocupémonos de ello cuando ocurra.

29 MÁS PREGUNTAS

En estos puntos encontrará el modo de formar **preguntas retóricas** que se utilizan de manera habitual

zhè ge lǐ wù **bù shì** hěn yǒu tè sè **ma**
这个礼物**不是**很有特色**吗**

¿No es un regalo muy especial?

nándào nǐ bù zhī dào ma
难道你不知道吗？

¿Acaso no lo sabes?

Contenidos relacionados
_____

29.2 Preguntas retóricas

Las **preguntas de doble interrogación** serán abordadas en otro punto gramatical. Observe, que al igual que en español este tipo de preguntas no son más que preguntas de sí o no que contienen otra pregunta que es formulada en base a un pronombre interrogativo.

nǐ míng bái wǒ shuō de huà shì **shén me** yì si **ma**
你明白我说的话是**什么**意思**吗**

¿Entiendes lo que digo?

Contenidos relacionados
_____

29.3 Preguntas con doble interrogación

En este punto gramatical encontrará una discusión sobre la ambigüedad que puede producirse cuando se utiliza 怎么 para formular preguntas sobre el **cómo**.

nǐ **zěn me** xué xí hàn yǔ
你**怎么**学习汉语？

¿Cómo que estudias chino?
¿Cómo estudias chino?

Contenidos relacionados
_____

29.4 Preguntando cómo , cómo qué con 怎么

29.1 PREGUNTAR EN PASADO

Como vimos anteriormente es un error muy común asociar la partícula 了 como marcador de una acción ocurrida en el pasado. 了 nos indica que una acción ha sido **completada** en el momento que se fija como tiempo de referencia al inicio de la oración. También conocemos además la partícula 过 que se utiliza cuando la acción sí ha transcurrido en el pasado.

Contenidos relacionados

11.1.1 Expresando acciones completadas con 了
24.1 Hablando en pasado con 过

En los puntos gramaticales que siguen, no vamos a ver nada nuevo pero si vamos a repasar lo visto hasta ahora con ambas partículas y como intervienen en los distintos tipos de preguntas. Al final de cada punto, le remitiremos a puntos anteriores donde podrá encontrar más ejemplos de utilidad.

Contenidos relacionados

29.1.1 Preguntar en pasado con la partícula 吗
29.1.2 Preguntas en pasado con estructura de afirmación-negación
29.1.3 Preguntar por algo en pasado con 没有

29.1.1 PREGUNTAR EN PASADO CON LA PARTÍCULA 吗

Para formular preguntas en pasado tan sólo se debe añadir la partícula 了 o 过 detrás del verbo para indicar que nos referimos a una acción completada o pasada. La oración consta entonces de dos partículas; 了 o 过 para indicar pasado y 吗 para indicar que estamos formulando una pregunta:

Cuando se utiliza la partícula 吗 la estructura de la oración no se modifica de ningún modo y es posible utilizar 了.

tā xiě **le** nà sāngè hànzì **ma**
他写**了**那三个汉字**吗**?

¿Escribió los tres caracteres chinos?

nǐ yǐ jīngliǎngtiānméichīfàn le **ma**
你已经 两 天 没吃饭了**吗**?

¿Llevas dos días sin comer?

Si la pregunta se ha formulado con una partícula modal, la respuesta también debe incluirla.

tā mǎi le shuǐ guǒ ma
他买了水果吗?
¿Compró fruta?

nǐ hē le jiǔ ma
你喝了酒吗?
¿Bebiste alcohol?

mǎi le
买了
Sí

hē le
喝了。
Sí

Si la respuesta es negativa se utiliza 没有 o 没 en su forma abreviada para negar el verbo **sin la partícula 了**.

méi mǎi
没买。
méi yǒu mǎi
没有买。
No.

méi hē
没喝。
méi yǒu hē
没有喝。
No.

Cuando se utiliza la partícula 过

nǐ qù guò yì dà lì ma
你去过意大利吗
¿Has estado en Italia?

wǒ qù guò
我去过。
Sí, fui.

wǒ méi qù guò
我没去过。
No, no he ido

nǐ yǎng guò māo ma
你养过猫吗
Has tenido gato?

wǒ yǎng guò
我养过。
Sí, lo tuve.

wǒ méi yǎng guò
我没养过。
No, no he tenido

nǐ kànguò zhè ge diànyǐng ma
你看过这个电影吗
¿Has visto esta película?

wǒ kànguò
我看过。

wǒ kànguò le
我看过了。

Sí, la he visto

wǒ méi kànguò
我没看过。

wǒ méiyǒu kànguò
我没有看过。

No, no la he visto.

tā láiguò běijīng ma
她来过北京吗
¿Ha venido alguna vez a Beijing?

tā láiguò
她来过。

tā láiguò le
她来过了。

Sí, ha venido.

tā méi láiguò
他没来过。

tā méiyǒu láiguò
他没有来过

No, no ha venido.

29.1.2 PREGUNTAS EN PASADO CON ESTRUCTURA DE AFIRMACIÓN-NEGACIÓN

Cuando se usa la estructura de afirmación-negación para preguntar por algo sucedido en el pasado, se debe utilizar 没 en lugar de 不 para formar la parte negativa de la estructura.

nǐ mǎi méi mǎi pí jiǔ
你买没买啤酒?
¿Compraste cerveza?

nǐ yǒu méi yǒu hái zǐ
你有没有孩子?
¿Tienes hijos?

Sin embargo, **no se utiliza la partícula** 了 cuando se formula la pregunta con ambas opciones afirmativa y negativa utilizando 没:

tā xiě méi xiě nà sān gè hànzì
他写没写那三个汉字?
¿Escribió o no escribió tres caracteres chinos?

nǐ zhè liǎng tiān chī méi chī fàn
你这 两 天吃没吃饭?
¿Has comido en los últimos dos días?

También es posible realizar una pregunta con **ambas opciones** de respuesta incluidas formando la parte negativa con el adverbio de negación 没, acompañada del verbo 有 como ya hemos visto en varias ocasiones.

tā men lái méi lái guò wǒ jiā
他们来没来过我家
¿Han estado alguna vez en mi casa?

nǐ cān méi cān jiā guò bǐ sài
你参没参加过比赛?
¿Has participado en la competición?

29.1.3 PREGUNTAR POR ALGO EN PASADO CON 没有

Aunque ya lo hemos utilizado en varios ejemplos a lo largo del volumen, vamos a introducir aquí formalmente otro modo muy utilizado para preguntar por algo sucedido en el pasado es, simplemente, es colocando 没有 al final de la frase. En entornos informales bastará con un simple 没.

nǐ 你 Tú	qù 去 Ir	guò 过	yì dà lì 意大利 Italia	méi yǒu 没有
¿Has estado en Italia?				
Sujeto	Verbo	Partícula	Objeto	Fórmula Interrogativa

nǐ cān jiā guò bǐ sài méi
你参加过比赛没?
nǐ cān jiā guò bǐ sài méi yǒu
你参加过比赛没有?
¿Has participado en la competición?

tā men lái guò nǐ jiā méi
他们来过你家没?
tā men lái guò nǐ jiā méi yǒu
他们来过你家没有?
¿Vinieron a tu casa?

Insistimos en este punto en el hecho de que este modo de pregunta solo puede utilizarse cuando se trata de una acción sucedida en el pasado.

nǐ men kàn méi kàn fáng zi
你们看没看房子?

nǐ men kàn le fáng zi **méiyǒu**
你们看了房子**没有**?

¿Has visto la casa?

nǐ men zhǎo méi zhǎo jīng lǐ
你们找没找经理?

nǐ men zhǎo le jīng lǐ **méiyǒu**
你们找了经理**没有**?

¿Encontrasteis al gerente?

nǐ shuì jiào le **méiyǒu**
你睡觉了**没有**?

¿Has dormido?

nǐ gēn tā shuō le **méiyǒu**
你跟他说了**没有**?

¿Has hablado con él?

29.2 PREGUNTAS RETÓRICAS

En chino, como en español, se utilizan de manera habitual preguntas retóricas. Su objetivo no es expresar una duda o pedir una respuesta o una explicación sobre un asunto, sino dar cierto énfasis a lo que se expresa o sugerir una afirmación.

En los siguientes puntos gramaticales vamos a ver como resulta posible formular este tipo de preguntas con conceptos que ya hemos tratado en puntos anteriores

zhè ge lǐ wù **bù shì** hěn yǒu tè sè **ma**
这个礼物**不是**很有特色**吗**

¿No es un regalo muy especial?

Contenidos relacionados

29.2.1 Preguntas retóricas con 不是......吗

También exploraremos cómo formular preguntas retóricas en chino utilizando 难道 para expresar sorpresa o incredulidad

nándào nǐ bù zhīdào ma
难道你不知道吗?

¿Acaso no lo sabes?

Contenidos relacionados

29.2.2 Preguntas retóricas con 难道
29.2.3 Preguntas retóricas con 能......吗?
29.2.4 Preguntas retóricas con pronombres interrogativos

Hemos trasladado las preguntas retóricas que se formulan con expresiones como las siguientes al punto gramatical dedicado a otros usos de 呢 ya que dicha partícula aparece normalmente cerrando la pregunta para suavizar el tono de la misma.

hé bì	nǎ néng	hé kǔ
何必	哪能	何苦
¿Porque debería?	¿Cómo es posible?	¿Para qué?
¿Que necesidad hay de?		

Contenidos relacionados

30.3 Usando 呢 para suavizar el tono de algunas preguntas

29.2.1 PREGUNTAS RETÓRICAS CON 不是...... 吗

Esta expresión se usa cuando lo que está ocurriendo no concuerda con lo que el hablante ya conoce. Utiliza la forma negativa del verbo 是 para reafirmar lo que sabe en modo de pregunta del mismo modo que lo hacemos en español.

tā **bù shì** měi guó rén **ma**
他**不是**美国人**吗**?

¿No es estadounidense?

zhè ge lǐ wù **bù shì** hěn yǒu tè sè **ma**
这个礼物**不是**很有特色**吗**?

¿No es un regalo muy especial?

tā **bù shì** shuō tā shì dān shēn **ma**
他**不是**说他是单身**吗**?

¿No había dicho que era soltero?

tā **bù shì** yào bā diǎn qù shàng bān **ma**
她**不是**要八点去上班**吗**?

¿No tiene que estar en el trabajo a las ocho?

Uso de 也, 都 y 就 en preguntas retóricas con 不是......吗

A veces encontramos 都, 也 o 就 formando parte de una de estas preguntas retóricas. Observe en que posición se emplazan en los siguientes ejemplos:

nǐ zěn me méi yǒu yāo qǐng tā   tā **bù yě shì** nǐ de péng yǒu **ma**
你怎么没有邀请他? 他**不也是**你的朋友**吗**?

¿Cómo no lo has invitado? ¿No es también amigo tuyo?

nǐ zěn me méi yǒu yāo qǐng tā men   tā men **bù dōu shì** nǐ de péng yǒu **ma**
你怎么没有邀请他们? 他们**不都是**你的朋友**吗**?

¿Cómo no los has invitado? ¿No son todos ellos tus amigos?

nǐ shǒulǐ de **bù jiùshì** qì chē de yàoshi ma

你手里的**不就是**汽车的钥匙吗？

Lo que tienes en la mano ¿no son justo las llaves del coche?

Contenidos relacionados

7.2 *Expresando también con* 也

7.3 *Expresando ni…, ni… con* 不......也不

7.4 *Expresando todo, todos y ambos con* 都

27.6 *Usos de* 就

29.2.2 PREGUNTAS RETÓRICAS CON 难道

El uso de 难道 es muy similar a **acaso** en español cuando este se utiliza como adverbio de duda para expresar la idea de **quizá** o **tal vez**. Cuando expresa sorpresa o incredulidad puede traducirlo por **no me digas que**. Suele aparecer iniciando una pregunta o justo después del sujeto de la misma. Al ser tan similar al español en uso, tono y contextos donde se utiliza no debería resultarle difícil acostumbrarse a su uso con los siguientes ejemplos:

nán dào

难道

Acaso
No me digas que

wǒ zuó tiān gěi nǐ dǎ diàn huà   zěn me yì zhí méi rén jiē a
我昨天给你打电话，怎么一直没人接啊？
nán dào nǐ dǎ cuò diàn huà hào mǎ le
难道你打错电话号码了？

Te llamé ayer, ¿por qué no respondiste?
¿Acaso te equivocaste de número?

nǐ nán dào méi yǒu jiā ma
你**难道**没有家吗？

¿Acaso no tienes casa?

nǐ nán dào bù xiǎng qù ma
你**难道**不想去吗？

¿Acaso no quieres ir?

nán dào dǎo yóu méi tí xǐng nǐ chū fā shí jiān gǎi le
难道导游没提醒你出发时间改了？

¿Acaso no te avisó el guía del cambio de hora de salida?

nándàonǐ zhēn de méiyǒugǎnjuédàonǐ duì wǒ láishuōshì duō me de zhòngyào

难道你真的没有感觉到你对我来说是多么的重要?

¡Acaso nunca has sentido de verdad lo importante que eres para mi?

nándàonǐ dǎ suàngàndàomíngtiānma

难道你打算干到明天吗?,

nǐ zhè me gàn jí shǐgàndàomíngtiānzǎoshàng kǒngpà yě gànbù wán

你这么干，即使干到明天早上，恐怕也干不完。

¿Vas a trabajar hasta mañana?

Me temo que no podrás terminar aunque lo hagas hasta mañana por la mañana.

Puede también encontrarlo precediendo a una pregunta retórica como las vistas en el anterior punto gramatical:

tā lián ào dà lì yà shǒu dū shì nǎ lǐ dōu bù zhī dào

他 连 澳 大 利 亚 首 都 是 哪 里 都 不 知 道,

nándàotā bù shì ào dà lì yà rénma

难道他不是澳大利亚人吗?

Ni siquiera sabe dónde está la capital de Australia, ¿acaso no es australiano?

29.2.3 PREGUNTAS RETÓRICAS CON 能......吗?

En esta punto gramatical vamos a ver cómo formular preguntas retóricas utilizando la estructura 能......吗, que se utiliza para expresar **escepticismo** o **duda** sobre la posibilidad de una acción o situación. Formas habituales de utilizar esta estructura son las siguientes:

能 puede ir seguido de 不 y un **verbo**

nǐ chuān de hěnshǎo　　**néngbù** gǎnmào**ma**
你 穿 得 很少， **能 不** 感冒**吗**?
Llevando tan poca ropa, ¿como es que no te resfrías?

nǐ qǐ de zhè me wǎn　　**néngbù** chídào**ma**
你 起 得 这么 晚， **能 不** 迟到 **吗**?
Levantándote tan tarde, como es que no llegas tarde

También pueden seguirle 不 y un **adjetivo**:

tā men jīn pá shàng　　**néngbù** lèi**ma**
他们 今 爬 上， **能 不** 累**吗**

nǐ chī zhè me duō　　**néng bù** pàng**ma**
你吃这么多， **能 不** 胖**吗**?
Comiendo tanto, ¿como es que no engordas?

Puede encontrar habitualmente un **verbo** seguido de 好:

tā tiāntiānwán　　**néng**xué hǎo**ma**
她 天 天 玩， **能** 学好**吗**?
¿Puede aprender bien si juega todos los días?

nǐ bù nǔ lì　　**néng**zuò hǎo**ma**
你 不 努力， **能** 做好**吗**?
¿Puedes hacerlo bien si no te esfuerzas?

Y con otras formas:

nǐ zhè me ài shēng qì　néng yǒu péng yǒu ma

你这么爱生气，能有朋友吗?

¿Cómo puedes tener amigos cuando eres tan irascible?

nǐ jiā zhè me duō chǒng wù　néng gān jìng de liǎo ma

你家这么多宠物，能干净得了吗?

¿Cómo puede estar limpia tu casa con tantas mascotas?

zhè xiē cài yì dī yóu dōu méi yǒu　néng hǎo chī de liǎo ma

这些菜一滴油都没有，能好吃得了吗?

No hay una gota de aceite en estos platos, ¿Cómo pueden ser sabrosos?

29.2.4 PREGUNTAS RETÓRICAS CON PRONOMBRES INTERROGATIVOS

El uso de los pronombres interrogativos se asemeja al uso que hacemos en español de ellos así que en este apartado preferimos no incidir demasiado en la parte gramatical sino darle numerosos ejemplos para que se acostumbre a su uso.

哪儿 y 哪里 en preguntas retóricas

wǒ **nǎ ér** yǒu nǐ shuō de nà me piàoliàng
我**哪儿**有你说的那么漂亮
¿Donde tengo la belleza que dices que tengo?

wǒ **nǎ ér** yǒu nǐ shuō de zěn me niánqīng
我**哪儿**有你说的怎么年轻
No soy tan joven cómo dices que soy.

wǒ **nǎ ér** yǒu nǐ shuō de zěn me nǔ lì
我**哪儿**有你说的怎么努力
No trabajo tan duro cómo dices que lo hago

Observe mientras lee los ejemplos que el pronombre utilizado en chino y en español no siempre son iguales.

wǒ **nǎ ér** gēn nǐ bǐ a
我**哪儿**跟你比啊
¿Cómo puedo competir contigo?

nǎ lǐ má fán
哪里麻烦?
¿Cómo me va a molestar?

wǒ **nǎ ér** bù zhī dào ào bā mǎ shì shuí
我**哪儿**不知道奥巴马是谁？

¿Cómo no voy a saber quien es Obama?

El uso de 哪里 en ocasiones se asemeja al uso que le damos a dónde en español para formular estas mismas preguntas.

wǒ zuì jìn máng de yào sǐ　**nǎ** yǒu shí jiān qù dǎ wǎng qiú
我最近忙的要死，**哪**有时间去打网球？
wǒ hái yào xiě yǔ fǎ shū
我还要写语法书！

Últimamente estoy muy ocupado, ¿cómo voy a encontrar tiempo para jugar al tenis? ¡Tengo que escribir un libro de gramática!

wǒ men qù pá shān　**nǎ lǐ** xū yào dài yǒng yī
我们去爬山，**哪里**需要带泳衣？

Vamos a hacer senderismo, ¿Qué necesidad hay de llevar los trajes de baño?

怎么 en preguntas retóricas

wǒ **zěn me** zhī dào xiǎo míng zài nǎ lǐ
我**怎么**知道小明在哪里？

¿Cómo voy a saber dónde está Xiao Ming?

wǒ **zěn me** huì piàn nǐ
我**怎么**会骗你？

¿Cómo podría engañarte?

péng yǒu sòng de lǐ wù **zěn me** huì bù xǐ huān ne
朋友送的礼物**怎么**会不喜欢呢

¿Cómo puede no gustarte un regalo de un amigo?

谁 en preguntas retóricas

shuí bù xiǎng mǎi zhè suǒ fáng zǐ ne
谁不想买这所房子呢?

¿Quién no querría comprar esta casa?

nǐ zhè me ài shēng qì **shuí** xiǎng hé nǐ zuò péng yǒu ne
你这么爱生气,**谁** 想和你做朋友呢?

¿Quién quiere ser tu amigo cuando estás tan enfadado?

tā zhè me jīn jīn jì jiào **shuí** néng rěn shòu de liǎo tā ne
他这么斤斤计较,**谁** 能忍受得了他呢?

Es tan calculador, que ¿quién puede soportarlo?

什么 en preguntas retóricas

Existen diversas estructuras con las que es posible usar 什么 para formar preguntas retóricas:

Cuando sigue a un **adjetivo** denota normalmente **desacuerdo**:

nǐ de gōng zuò zhēn hǎo hǎo **shén me** yīn wéi gōng zī tài dī
你的工作真好!好**什么**?因为工资太低,
suǒ yǐ bù zhí dé zuò
所以不值得做。

¡Tu trabajo es muy bueno! ¿Qué tiene de bueno? Con lo bajo que es el salario, no vale la pena hacerlo.

nǐ jǐn zhāng **shén me** gǎn bù shàng jiù zuò xià bān
你紧张**什么**?赶不上,就坐下班。

¿Qué te preocupa? ¡Si no logramos subir, tomaremos el siguiente!

Cuando sigue a un **verbo** indica que **no hay necesidad de hacer algo**. La oración en este caso se puede reformular utilizando 为什么 conservando su significado.

zǒu lù shí fēn zhōng jiù dào le wèi shén me wǒ men yào zuò gōng gòng qì chē
走路十分钟就到了,为什么我们要坐公共汽车!
zǒu lù shí fēn zhōng jiù dào le **zuò shén me** gōng gòng qì chē
走路十分钟就到了,**坐什么**公共汽车!

A pie se tarda diez minutos, ¿para qué vamos a tomar el autobús?

zhèxiēcàiyǐjīnggòuchī le　　wèishénme háidiǎnbié de cài
这些菜已经够吃了，为什么还点别的菜
zhèxiēcàiyǐjīnggòuchī le　　háidiǎnbié de càizuò shén me
这些菜已经够吃了，还点别的菜做什么？

¿Por qué pedir algo más cuando estos platos ya son suficientes?

nǐ wèishénme kū　　huìyǒuyì tiānnǐ huìtōngguòkǎoshì
你为什么哭？会有一天你会通过考试！
nǐ kū shén me　　huìyǒuyì tiānnǐ huìtōngguòkǎoshì
你哭什么？会有一天你会通过考试！

¿Por qué lloras? ¡Un día lograrás aprobar el examen!

Otro tipo de preguntas que puede formular cuando quiera enfatizar que no hay necesidad de hacer algo es el siguiente. En este caso la repetición del verbo tras 什么 eleva el tono de la conversación y suena mucho más cortante.

nǐ mǎishén me mǎi　　qián dōuhuā guāng le
你买什么买，钱都花光了。

¿Qué vas a comprar? Has gastado todo tu dinero.

nǐ kū shén me kū　　yòubù shìméiyǒunǐ de lǐ wù
你哭什么哭，又不是没有你的礼物。

¿Por qué lloras?

nǐ xiàoshén me xiào　　kànwǒ zuòcuò le　　nǐ hěnkāixīnma
你笑什么笑，看我做错了，你很开心吗？

¿De que te ríes? ¿Te alegras de que lo haya hecho algo mal?

nǐ shuō shén me shuō　　dà jiādōubù shuōhuà　　jiùnǐ shuōhuà
你说什么说，大家都不说话，就你说话。

¿De qué hablas? Eres el único que habla cuando nadie lo hace.

nǐ kànshén me kàn　　méijiànguòměinǚ a
你看什么看，没见过美女啊？

¿Qué estás mirando? ¿Nunca has visto una mujer hermosa?

29.3 PREGUNTAS CON DOBLE INTERROGACIÓN

Son preguntas de sí o no pero que contienen otra pregunta que es formulada en base a un pronombre interrogativo.

Normalmente los verbos que se utilizan en la primera pregunta son:

zhī dào	rèn shi	liǎo jiě	míng bái	jì de	dǒng de
知道	认识	了解	明白	记得	懂得
				Recordar	Comprender

Contenidos relacionados

58.17.4 Diferencias de uso entre 理解、了解、熟悉、懂 *y* 明白

Normalmente los objetos son frases sujeto predicado.

nǐ rèn shi tā shì **shuí ma**
你认识他是**谁吗**?
¿Sabes quién es?

nǐ míng bái wǒ shuō de huà shì **shén me** yì si **ma**
你明白我说的话是**什么**意思**吗**?
¿Entiendes lo que digo?

Con verbos como 想, 有 y 能 normalmente los objetos contienen frases verbales de este estilo.

Para contestar se utiliza la respuesta precisa a la cuestión particular o la respuesta negativa a la pregunta de sí o no:

tā shì xiǎo huá de zhàng fū
他是小华的丈夫。
El es el esposo de Xiao Hua.

wǒ bù rèn shi tā
我不认识他。
No lo conozco.

29.4 PREGUNTANDO CÓMO, CÓMO QUÉ CON 怎么

Tanto 怎么 como 为什么 permiten preguntar sobre métodos, procedimientos, motivos y razones en diferentes contextos. En este punto gramatical vamos a explorar las características y el uso adecuado de 怎么 y 为什么.

怎么 se utiliza en tonos más informales o coloquiales. Además se utiliza para preguntar **cómo** en el sentido de indagar sobre los **métodos, acciones o procedimientos** utilizados para realizar una tarea específica. En tonos más formales o neutrales se utiliza **为什么** para preguntar **por qué** en el sentido de indagar sobre la **razón, motivo o causa** detrás de algo.

La diferencia principal radica en que 怎么 se utiliza para obtener información sobre cómo se hace algo, mientras que 为什么 se utiliza para indagar sobre el motivo o la razón detrás de una acción o situación.

nǐ **wèishénme** xué xí hàn yǔ
你**为什么**学习汉语？

¿Porqué estudias chino?

nǐ **zěnme** xué xí hàn yǔ
你**怎么**学习汉语？

¿Cómo que estudias chino?
¿Cómo estudias chino?

Sin embargo, al igual que en español, ambos significados pueden solaparse según el tono que le demos a la oración. Observe a continuación las distintas traducciones de la oración. La utilizada en segundo lugar está más cerca de preguntar por el motivo que de preguntar por el procedimiento. Esta diferencia de significado es introducida por el tono en que pronunciamos la oración y que parte de ella se enfatiza:

nǐ **zěnme** xué xí hàn yǔ
你**怎么**学习汉语？

¿Cómo estudias chino?

nǐ **zěnme** xué xí hàn yǔ
你**怎么**学习汉语？

¿Cómo que estudias chino?

Si se enfatiza el complemento de la frase entonces se entiende que se pregunta sobre el cómo que, en cambio si se enfatiza 怎么 se pregunta directamente sobre el cómo, tal y como vimos en un punto gramatical anterior.

Contenidos relacionados

9.3.5 Preguntando cómo con 怎么.

jīntiān **zěn me** zhè me rè
今天**怎么**这么热?
¿Por qué hace tanto calor hoy?

nǐ **zěn me** bù chī
你**怎么**不吃?
¿Cómo es que no comes?

nǐ men **zěn me** dōu méi qù
你们**怎么**都没去?
¿Por qué no están todos allí?

nǐ **zěn me** bù chī le
你**怎么**不吃了?
¿Cómo es que no comes más?

Tenga en cuenta que las **acciones** que han sido **completadas** y que se enfocan en un **resultado** se traducen como **cómo que** ...

nǐ **zěn me** lái le
你**怎么**来了
¿Cómo es que has venido?

nǐ **zěn me** méi lái
你**怎么**没来
¿Cómo que no has venido?

nǐ shì **zěn me** lái de
你是**怎么**来的
¿Cómo has venido?

---

nǐ zěn me lái **de**
你怎么来**的**
¿Cómo has venido?

nǐ zěn me lái **le**
你怎么来**了**
¿Cómo es qué has venido?

La primera de las dos oraciones tiene un enfoque en el proceso. Se utiliza para preguntar cómo alguien llegó a un lugar o realizó un desplazamiento en particular. Se centra en el proceso o los medios utilizados para llegar al lugar.

nǐ **zěn me** lái **de** zuò gōng jiāo chē hái shì zǒu lù
你**怎么**来**的**? 坐公交车还是走路?
¿Cómo llegaste aquí? ¿Tomaste el autobús o caminaste?

La segunda oración se enfoca en el resultado y se utiliza para expresar sorpresa o interés por el hecho de que alguien ha llegado o está presente en un lugar. Se centra en el resultado o el estado actual de la persona que ha llegado.

nǐ **zěn me** lái **le** wǒ yǐ wéi nǐ bú huì lái
你**怎么**来**了**? 我以为你不会来。
¿Cómo es que estás aquí? Pensé que no vendrías.

30 MÁS USOS DE LA PARTÍCULA 呢

En este punto gramatical vamos a ver otros usos de la partícula 呢 además de los ya vistos en el volumen anterior.

Contenidos relacionados

8.2 Usos de la partícula 呢
8.2.1 Usando 呢 para formar preguntas elípticas
8.2.2 Preguntando acerca de algo con 呢
8.2.3 Preguntando dónde con 呢

30.1 USANDO 呢 PARA ENFATIZAR PREGUNTAS

Es posible utilizar la partícula 呢 al final de preguntas para **enfatizar el tono interrogativo**. Puede aparecer en preguntas formadas con pronombres interrogativos como 什么, 哪儿, 什么时候, 谁, 怎么 como por ejemplo:

tā dào nǎ ér qù le **ne**
他到哪儿去了**呢**?

Pero ¿a dónde ha ido?

nǐ men yuē hǎo shén me shí hòu jiàn miàn **ne**
你们约好什么时候见面**呢**?

¿A qué hora han quedado?

nà gè rén dào dǐ shì shuí **ne**
那个人到底是谁**呢**?

¿Se puede saber quién es esa persona?

O bien aparecen en preguntas con la estructura afirmación - negación la combinación de la forma afirmativa y negativa del predicado 看不看, 去不去 como por ejemplo en:

tīngshuō zhè bù diànshì jù zuìjìn hěnhuǒ　　wǒ men kàn bù kàn **ne**

听说这部电视剧最近很火，我们看不看**呢**？

Dicen que esta serie es muy popular últimamente, ¿vamos a verla o no?

fù jìnxīnkāi le gè fànguǎn　　nǐ xiǎng bù xiǎng qù **ne**

附近新开了个饭馆，你想不想去**呢**？

Han abierto un restaurante nuevo, ¿quieres ir?

Contenidos relacionados

30.2 USANDO 呢 PARA EXPRESAR CONTINUIDAD DE LA ACCIÓN DEL VERBO

La partícula 呢 puede modificar directamente al verbo para expresar que la acción todavía se está desarrollando o que está en un proceso que no ha finalizado. Las cuatro estructuras en los que desempeña este papel se listan a continuación aunque algunas de ellas ya han aparecido con anterioridad.

Cuando se indica que **la acción del verbo se está desarrollando** con 在, 呢 aparece cerrando la frase.

bà bà zài gōngzuò ne
爸爸在工作呢。
Mi padre está trabajando.

xué shēng zài kǎoshì ne
学生在考试呢。
Los alumnos están haciendo el examen.

呢 también puede aparecer sola al final de la oración conservando el mismo el significado que cuando aparece junto a 在, esta estructura debe utilizarse dentro de un contexto conocido por los interlocutores. Normalmente forma parte de una respuesta a una pregunta o queja y no puede aparecer en solitario.

wèi bó kǎi nǐ gàn shén me ne
- 喂，博凯，你干什么呢？
-Hola, Bo Kai, ¿qué estás haciendo?

wèi dà wèi wǒ kàn diànshì ne
- 喂，大卫，我看电视呢。
-Hola, Da Wei, estoy viendo la televisión.

También vimos que 正 puede situarse delante de 在. Tiene el mismo significado que el ejemplo anterior pero, en este caso, el carácter 正 enfatiza el momento en que se produce la acción y puede traducirse por **justamente** o **precisamente**.

lǎoshī jìnlái de shíhòu   tā **zhèngzài** shuìjiào **ne**
老师进来的时候，他 **正在** 睡觉 **呢**。
Cuando el profesor entró, él estaba durmiendo.

zuótiān xiàwǔ tā gěiwǒ dǎ diànhuà de shíhòu   wǒ **zhèngzài** kànbào **ne**
昨天下午他给我打电话的时候，我 **正在** 看报 **呢**。
Ayer por la tarde cuando me llamo estaba justamente leyendo el periódico.

Contenidos relacionados
_____

13.1.2 Expresando la localización de una acción con 在

还 también puede situarse delante de 在. De nuevo se expresa que la acción sigue en curso y además lleva así un determinado periodo de tiempo. Si lo desea lo puede traducir por **todavía**. Muchas veces también se añade 呢 al final de la oración.

yǐjīng wǎnshàng shíyìdiǎn le   tā **háizài** jiābān **ne**
已经晚上十一点了，他 **还在** 加班 **呢**。
Son ya las once de la noche y todavía está trabajando.

Contenidos relacionados
_____

27.3.1 Expresando todavía y aún con 还

30.3 USANDO 呢 PARA SUAVIZAR EL TONO DE ALGUNAS PREGUNTAS

呢 puede servir para **suavizar** el tono de cualquier pregunta **siempre que esta no se formule con la partícula interrogativa 吗**.

Utilícelo cuando esté preguntando por algo que pueda resultar molesto y no quiera parecer demasiado directo o cuando se use expresiones que ya de por sí contienen cierto tono reprobatorio. Algunas expresiones que permiten ser suavizadas de este modo se recogen en la siguiente tabla:

| hé bì
何必
¿Porque debería?
¿Que necesidad hay de? | nǎ néng
哪能
¿Cómo es posible? | hé kǔ
何苦
¿Para qué? |

jīntiānkǎoshì   wǒ **nǎ néng** bù qù xuéxiào **ne**
今天考试，我**哪能**不去学校**呢**?
Hoy tengo examen, ¿cómo voy a faltar a la escuela?

何必 puede traducirse como **¿por qué se debería hacer?** o **no hay necesidad de**. Al final de una pregunta retórica con 何必 puede encontrarse la partícula modal 呢

zhè ge xiǎowèntí   **hé bì** huāqiánqǐngrénláichúlǐ
这个小问题，**何必**花钱 请人来处理?
wǒ zì jǐ láichúlǐ ba
我自己来处理吧!
¿Hay necesidad de gastar dinero en hacer venir a alguien para resolver este problemilla?

何苦 puede traducirse como **¿por qué preocuparse?** o **no vale la pena.**

tā zhǐshì yí gè xiǎoháizǐ　　háibù dǒngshì
他只是一个小孩子，还不懂事，

hé kǔ wèi le tā shēngzhè me dà de qì
何苦为了他生这么大的气？

Es solo un niño, aún no entiende, ¿vale la pena enfadarse tanto por él?

tiānqì zhè me lěng　　nǐ gěitā dǎ gè diànhuàjiùhǎo le
天气这么冷，你给他打个电话就好了，

hé kǔ zàizhè érděngtā ne
何苦在这儿等他呢？

Hace mucho frío, llámalo por teléfono y ya está, ¿para qué vamos a estar aquí esperándolo?

30.4 USANDO 呢 PARA ENFATIZAR EL CONTENIDO DE ORACIONES AFIRMATIVAS

En las oraciones afirmativas, 呢 también funciona como marcador enfático del predicado de la oración. En este caso, el hablante se sirve de la partícula para **exagerar la oración** que ha pronunciado o para **convencer** a su interlocutor.

tā de wèikǒudà dé kě yǐ chīxià yì tóuniú **ne**
她的胃口大得可以吃下一头牛呢！

¡Tiene tanto apetito que podría comerse una vaca entera!

gōng sī hěnyuǎn   zuògōnggòngqì chēyàoyí gè duōxiǎoshí **ne**
公司很远，坐公共汽车要一个多小时呢！

La oficina está muy lejos, se tarda más de una hora en autobús.

En este tipo de oraciones se pueden encontrar los caracteres 还 , 可 y 才, que actúan como adverbio de grado para modificar al adjetivo.

shí jiān **hái** zǎo **ne**
时间**还早呢**

Todavía es pronto.

tā xiě de zì **kě** piàoliàng **ne**
他写的字**可**漂亮呢！

¡Escribe caracteres preciosos!

Contenidos relacionados

27.3.1 *Expresando todavía y aún con* 还
27.7 *Usos de* 才
57.5 *Usos de* 可

30.5 USANDO 呢 PARA REALIZAR UNA PAUSA EN EL DISCURSO

Especialmente en el **discurso oral**, hay ocasiones en las que el hablante necesita hacer un inciso para poder continuar expresando una idea. En español, este tipo de **pausas** se puede realizar cambiando la entonación de la oración o incluso interrogando la primera parte. Así pues, en la oración: "Mañana tengo muchas cosas que hacer, no puedo ir ", es posible parar entre "Mañana " y "tengo" para expresar que se está valorando la idea. En chino, se suele añadir la partícula 呢 para proporcionar a la oración el mismo efecto que nosotros le damos al cambiar la entonación.

kā fēi **ne**　wǒ jīntiānjiù bù hē le　wǒ xiǎng hē diǎn ér chá
咖啡**呢**，我今天就不喝了，我想喝点儿茶。
Café... hoy no voy a beber, quiero beber un poco de té.

jīntiān **ne**　tiānqì zhè me hǎo　wǒ men qù gōngyuán ba
今天**呢**，天气这么好，我们去公园吧。
Hoy... hace muy buen tiempo, vayámonos al parque.

30.6 USANDO 呢 AL FINAL DE ORACIONES NEGATIVAS

Cuando 呢 aparece en una oración negativa, el hablante comunica que, aunque la acción del verbo aún no se ha realizado, **espera que se cumpla próximamente**. Añadiendo 呢 se **enfatiza** que **todavía** no se ha realizado la acción.

tā méi xiě zuò yè
他没写作业。
No ha hecho los deberes.

tā méi xiě zuò yè **ne**
他没写作业**呢**。
Todavía no ha hecho los deberes.

En muchas ocasiones se utiliza junto al carácter 还.

tā **hái** méi xiě zuò yè **ne**
他**还**没写作业**呢**。
Todavía no ha hecho los deberes.

nǐ **hái** méi shuì jiào **ne**
你**还**没睡觉**呢**?
¿Todavía no te has dormido?

Contenidos relacionados

27.3.1 Expresando todavía y aún con 还

46

30.7 USO DE 着 JUNTO A 呢

La partícula 呢 puede aparecer junto a 着. A ambos caracteres les puede seguir tanto un adjetivo como un verbo.

Cuando 着呢 sigue a un **adjetivo** se expresa un **grado elevado** del adjetivo y puede traducirse por **muy**.

wǒ yé yé de shēntǐ hǎo zhe ne
我爷爷的身体**好着呢**。
Mi abuelo está muy bien de salud.

bié kàn xiǎo míng píngshí bù ài shuō huà   tā cōngmíng zhe ne
别看小明平时不爱说话，他**聪明着呢**。
Aunque a Xiao Ming no le gusta hablar normalmente, es muy inteligente.

zhè ge bāo kàn shàngqù hěn bù qǐ yǎn   dàn tā qí shí guì zhe ne
这个包看上去很不起眼，但它其实**贵着呢**。
Este bolso puede parecer sencillo, pero en realidad es bastante caro.

Contenidos relacionados

7.10 Adverbios de grado

Ya vimos que cuando 着呢 sigue a un **verbo** indica que la **acción continúa** o ha quedado **detenida en un estado que todavía perdura**.

xiǎomíngzhèngxuéxí **zhe ne** biédǎrǎotā
小 明 正 学习**着呢**，别打扰他。

Xiao Ming está estudiando, no lo molestes.

wǒmèimèizhèngzàiguówàilǚyóu**zhe ne**
我妹妹 正 在国外旅游**着呢**。

Mi hermana está de viaje en el extranjero.

māmā jīntiānshēntǐ bùtàishūfu
妈妈今天 身体不太舒服，
tā yìtiāndōuzàichuángshàngtǎng**zhe ne**
她一天都在 床 上躺**着呢**。

Mi madre no se encuentra hoy muy bien, lleva todo el día tumbada en la cama.

Contenidos relacionados

24.2.3 Expresando un estado continuo con la partícula 着

31 CONJUNCIONES

Anteriormente vimos como en las construcciones de verbos en serie un sujeto (o tema) va seguido de más de un verbo sin ningún tipo de conector. En cambio, los puntos gramaticales dedicados a conjunciones que se reparten a lo largo de este volumen están dedicados a la formación de **oraciones compuestas**. Así, encontrará aquí todas aquellas conjunciones o conjunciones adverbiales que unen dos o más clausulas o bien aquellos nexos que permiten que un predicado o comentario haga mención a un mismo sujeto o tema.

En este primer punto vamos a presentar en detalle un número limitado de ellas, pero como es habitual le ofrecemos una breve introducción de todas ellas. Aunque puede prescindir de su lectura, esperamos que este punto le sirva como introducción a todo lo que esta por venir y pueda consultarlo de forma agrupada en un futuro cuando necesite una referencia rápida. Tampoco es necesario que en una primera lectura comprenda completamente todos los ejemplos ya que cada una de las conjunciones aquí presentada será introducida en su momento junto a numerosos ejemplos.

Antes de empezar a exponer las múltiples maneras de relacionar lógicamente dos oraciones en chino vamos a explicar que metodología hemos seguido para su ordenación para facilitarle su consulta en un futuro. Comprender la metodología utilizada para su clasificación si le permitirá realizar consultas más eficientes si esta intentando localizar alguna expresión en concreto. Hemos intentado clasificarlas según su **significado** y ordenar su introducción preservando el orden en el que normalmente se introducen a los estudiantes de chino.

Así, hemos dividido las conjunciones en varios grupos. Estos son:

Conjunciones que expresan **causa y efecto**
Conjunciones que expresan **condición**
Conjunciones que expresan **ausencia de condición**
Conjunciones que expresan **concesión**
Conjunciones que expresan **contraste**
Conjunciones que expresan **alternativas**
Conjunciones que expresan **adición**
Conjunciones que expresan **preferencia**
Conjunciones que establecen **relaciones temporales**
Conjunciones **paralelas**

Conjunciones que expresan causa y efecto

Encontrará en estos puntos gramaticales aquellas estructuras que permiten relacionar dos oraciones según la **causa** y/o el **efecto** que estas provocan. Estas se reparten entre dos volúmenes.

Contenidos relacionados

_____

31.1 Conjunciones que expresan causa y efecto
50.5 Más conjunciones que expresan causa y efecto

Las construcciones **causales** en español como **porque, a causa de, por razón de, gracias a, por culpa de, debido a** aparecerán en estos puntos gramaticales.

tā men liú zài jiā lǐ   **yīnwéi** tiānqì hánlěng
他们留在家里，**因为**天气寒冷

Se quedaron en casa porque hacia frío.

tā bù néng lǚxíng   **yīnwéi** tā méiyǒujiēzhòngyìmiáo
他不能旅行，**因为**他没有接种疫苗。

No pudo viajar porque no estaba vacunado.

yóuyú tiānqì hánlěng   tā men liú zài jiā lǐ
由于天气寒冷，他们留在家里。

Debido a que hacia frío se quedaron en casa.

También se han incluido en este grupo las construcciones **ilativas**, es decir aquellas cuya conjunción se sitúa delante de la **consecuencia** que introducen como **así que, ya que** ...

Observe que todas las construcciones ilativas tienen correspondencia con una estructura causal pero entre ellas se da una relación inversa. En las causales la segunda cláusula expresa el motivo de algo, mientras que la principal introduce la consecuencia; en las ilativas es la oración principal la que expresa la causa mientras que la segunda cláusula es la que expresa la consecuencia.

tā men liú zài jiā lǐ   **suǒyǐ** tā menméiyǒushòuliáng
他们留在家里，**所以**他们没有受凉。
tā men liú zài jiā lǐ   **yīncǐ**   tā menméiyǒushòuliángtā
他们留在家里，**因此**，他们没有受凉他。

Se quedaron en casa, así que no pasaron frío.

tā méiyǒujiēzhòngyìmiáo   **suǒyǐ** tā bù néng lǚxíng
他没有接种疫苗，**所以**他不能旅行。

No estaba vacunado así que no puede viajar.

tiānqì hánlěng　**suǒyǐ** tā men liú zài jiā lǐ

天气寒冷，**所以**他们留在家里。

Hacia frío así que se quedaron en casa.

Contenidos relacionados

50.5.1 Expresando así que con 因此

50.5.2 Diferencias de uso entre 于是 y 因此

De hecho, en chino, es común utilizar simultáneamente ambos tipos de conjunciones en la misma oración. Observe que al traducir la oración al español deberá optar por sólo una de las dos fórmulas, casual o ilativa, ya que suena algo extraño la inclusión de ambas. En este mismo punto gramatical aprenderá a usar 因为 y 所以 por separado y simultáneamente.

yīnwéi tiānqì hánlěng　**suǒyǐ** tā men liú zài jiā lǐ

因为天气寒冷，**所以**他们留在家里。

Porque hacía frío se quedaron en casa.

Hacía frío así que se quedaron en casa.

Contenidos relacionados

31.1.1 Expresando porque ... Así que 因为......所以

50.5.4 Anteponer el efecto a la causa con 之所以......是因为

También es común que aparezcan ambos tipos de conjunciones en la misma frase cuando se utilizan otras conjunciones como 由于 . De nuevo, observe como en la traducción al español enfatizamos uno de los dos aspectos pero en chino es perfectamente normal que ambos se usen simultáneamente.

yóuyú tā xiě dé tài kuài　**suǒyǐ** xiě de hěn bù qīngchǔ

由于他写得太快，**所以**写得很不清楚。

Como escribía demasiado rápido, lo hacía de forma muy poco clara.

Escribía demasiado rápido, así que lo hacía de forma muy poco clara.

yóuyú tiānqì bù tài hǎo　**yīncǐ** wǒ men gǎi biàn zhè cì chūyóu de jì huà

由于天气不太好，**因此**我们改变这次出游的计划。

Como el tiempo no era muy bueno, cambiamos nuestros planes para esta salida.

El tiempo no era muy bueno, así que cambiamos nuestros planes para esta salida.

Contenidos relacionados

50.5.3 Expresando debido a , ya que , a causa de con 由于

Las conjunciones que expresan **inferencia**, es decir, **deducen** algo o sacan alguna **conclusión** de otra cosa también han sido añadidas a este grupo.

tā men **jì rán** jīng jì yǒu kùn nán **jiù** yīng gāi qù dǎ gōng
他们**既然**经济有困难，**就**应该去打工。

Ya que tienen dificultades económicas, deberían ponerse a trabajar

Contenidos relacionados

50.5.7 Expresando ya que , ahora que con 既然

Sin embargo, las construcciones **finales** aquellas que expresan el **propósito** y la finalidad de algo han sido desplazadas a los puntos gramaticales dedicados a preposiciones ya que en español se introduce la finalidad con la preposición **para**

tā men dāi zài jiā lǐ **yǐ miǎn** shòu dòng
他们呆在家里，**以免**受冻。

Se quedaron en casa para no pasar frío

wèi le bù shòu dòng tā men dāi zài jiā lǐ
为了不受冻，他们呆在家里。

Para no pasar frío se quedaron en casa.

Contenidos relacionados

47.4 Indicando razón o propósito con 为 ， 为了
47.16 Expresando para evitar con 以免

Encontrará también en estos puntos gramaticales otras expresiones relacionadas con **resultados** o **consecuencias** .

běn lái xiǎng qù pǎo bù kě shì xià yǔ le **jié guǒ** jiù méi qù
本来想去跑步，可是下雨了，**结果**就没去。

Quería salir a correr, pero estaba lloviendo y terminé por no ir.

xià dà xuě le **guài bu de** zhè me lěng
下大雪了，**怪不得**这么冷。

Está nevando mucho, no me extraña que haga tanto frío.

Contenidos relacionados

50.5.5 Expresando como resultado con 结果
50.5.6 Expresando no es de extrañar con 怪不得

Conjunciones que expresan condición

En este grupo encontrará todas aquellas conjunciones condicionales del español como **si**, **como** o **mientras**, locuciones conjuntivas condicionales como **siempre que, a menos que**, **en el supuesto de que** y otras construcciones condicionales o que introduzcan alguna **suposición**. Todas ellas son introducidas al final de este volumen volumen aunque como es habitual le avanzamos varios ejemplos de usos característicos de cada una de ellas.

Contenidos relacionados

48.3 Conjunciones que expresan condición

rú guǒ zhōu mò bù xià yǔ　　wǒ men **jiù** qù pá shān
如果周末不下雨，我们**就**去爬山。
Si no llueve el fin de semana, iremos de excursión.

yàoshì sī jī kāi chē kāi de hěn kuài　　**jiù** wǒ bù ràng hái zǐ zuò gōng gòng qì chē
要是司机开车开得很快，**就**我不让孩子坐公共汽车。
Si el conductor conduce muy rápido no voy a dejar que mis hijos vayan en autobús.

Contenidos relacionados

48.3.1 Expresando condiciones con 如果......就
48.3.2 Expresando condiciones con 要是

zhǐyào wǒ yǒuqián　　**jiù** yí dìng huì jiè gěi nǐ de
只要我有钱，**就**一定会借给你的。
Mientras tenga el dinero, te lo prestaré.

zhǐyǒu nǐ jiē shòu le tā de quē diǎn nǐ men **cái** kě yǐ gèng hǎo de yì qǐ shēng huó
只有你接受了他的缺点你们**才**可以更好地一起生活
Sólo si aceptas sus defectos podréis vivir mejor juntos.

Contenidos relacionados

48.3.3 Expresando condiciones con 只要...... 就
48.3.4 Expresando condiciones con 只有...... 才
48.3.5 Expresando a no ser que, a menos que con 除非

_{yá **zài** téng xià qù de huà}   _{nǐ **jiù** yào qù kàn yī shēng le}
牙**再**疼下去的话，你**就**要去看医生了。

Si te sigue doliendo la muela, tendrás que ir al médico.

Contenidos relacionados ―――――――

48.3.6 Expresando condiciones con 再.......就

_{**jiǎ rú** dōng tiān méi yǒu nuǎn qì}   _{nǐ zěn me bàn}
假如冬天没有暖气，你怎么办?

¿Qué harías si no hubiera calefacción en invierno?

Contenidos relacionados ―――――――

48.3.7 Expresando supón que con 假如

_{**wàn yī** tā bù zài jiā zěn me bàn}
万一他不在家怎么办

¿En caso de que no este en caso, que hacemos?
¿Y si no está en casa?

Contenidos relacionados ―――――――

48.3.8 Expresando si por casualidad，en caso de con 万一

Tenga en cuenta que expresiones como 如果不这样 o 如果不然的话 han sido
trasladadas a conjunciones que expresan contraste ya que pueden ser traducidas siempre
por **de lo contrario** aunque su carga condicional no es despreciable.

_{nǐ bì xū nǔ lì xué xí}   _{**rú guǒ bù zhè yàng** nǐ kěn dìng kǎo   hǎo}
你必须努力学习，**如果不这样**你肯定考不好。

Debes estudiar con más esfuerzo, si no no harás bien el examen.

Contenidos relacionados ―――――――

48.2.4 Expresando si no es así con 如果不这样
48.2.5 Expresando si no con 如果不然的话 y 不然的话

Conjunciones que expresan ausencia de condición

Se han incluido en este grupo todas aquellas conjunciones que indican que algo expuesto en una segunda cláusula va a suceder o no independientemente de lo expuesto en la cláusula principal y que en español se construyen con **no importa cuanto**, **no importa donde**, **no importa si** o términos similares

Contenidos relacionados
_____

50.4 Conjunciones que expresan ausencia de condición

bù guǎn tā tóng yì bù tóng yì nǐ **dōu** yīng gāi gào sù tā nǐ de xiǎng fǎ
不管他同意不同意，你都应该告诉他你的想法。

Tanto si está de acuerdo como si no, deberías decirle lo que piensas.

wú lùn nǐ zěn me shuō wǒ **dōu** bù tīng
无论你怎么说，我都不听。

No importa lo que digas, no escucho.

méi shì shí jiān **zài** wǎn wǒ **yě** děng tā
没事，时间再晚，我也等他。

Está bien, le esperaré aunque sea tarde.

Contenidos relacionados
_____

50.4.1 Expresando no importa , no importa si con 不管 ...... 都
50.4.2 Expresando no importa cuanto, donde ..., no importa si con 无论
50.4.3 Expresando no importa cuan, no importa cuanto con 再 ...... 也

Conjunciones que expresan concesión

En este apartado encontrará **construcciones concesivas**, aquellas que introducen clausulas donde se expresa una dificultad para que se cumpla lo expuesto en la oración principal. En español se suelen utilizar nexos como **aunque** o **a pesar de que**.

Contenidos relacionados

31.3 Conjunciones que expresan concesión
50.6 Más conjunciones que expresan concesión

En algunos casos se utiliza una conjunción que expresa contraste como 但是 o 可是 para introducir la segunda cláusula.

suīrán zhè lǐ de huánjìng hěnpiàoliàng   dànshì wǒ xǐhuāndà chéngshì
虽然这里的环境很漂亮，但是我喜欢大城市。

Aunque aquí el paisaje es muy bonito, a mi me gustan las grandes ciudades.

nán péng yǒu sòng gěi wǒ de zhè fèn lǐ wù   jǐn guǎn bù guì
男朋友送给我的这份礼物，尽管不贵，
dàn què ràng wǒ hěn gǎn dòng
但却让我很感动。

Este regalo de mi novio, aunque no es caro, me ha emocionado.

Contenidos relacionados

31.3.1 Expresando aunque con 虽然……但是
50.6.2 Expresando aunque con 尽管……但是

No obstante, no todas las construcciones construidas con **aunque** expresan siempre contradicción y en algunos casos la frase tiene más un sentido de adición. En estos casos la segunda cláusula es introducida con una conjunción o adverbio que expresa adición como 也 o 都.

nǎ pà tā zài máng　　yě měi tiān**dōu**qù yùn dòng
哪怕他再忙，也每天**都**去运动。

Aunque esté ocupado, va a hacer ejercicio todos los días.

jí **shǐ** míng tiān tiān qì bù tài hǎo　　wǒ mén**yě** yào qù pá shān
即使明天天气不太好，我们**也**要去爬山。

Vamos a ir de excursión aunque el tiempo no sea tan bueno mañana.

Contenidos relacionados

50.6.1 Expresando aunque, incluso si con 即使......, 也
50.6.3 Expresando aunque con 哪怕······也

Conjunciones que expresan contraste

En este apartado encontrará las **conjunciones adversativas,** aquellas que contraponen dos ideas, como **pero** o **sin embargo.**

Contenidos relacionados

31.2 Conjunciones que expresan contraste
48.2 Más conjunciones que expresan contraste
50.1 Más conjunciones que expresan contraste

En el presente volumen se presentan varias maneras de expresar **pero**

dà wèi xǐ huān kàn diàny ǐng   dànshì tā bù xǐ huānkǒng bù
大卫喜欢看电影，但是他不喜欢恐怖。
A David le gusta ver películas , pero no le gusta el terror.

wǒ yǐ jīng jiǎnféi yí gè yuè le   kě shì yì diǎn ér yě méishòu
我已经减肥一个月了,可是一点儿也没瘦。
Llevo un mes a dieta, pero no he perdido peso.

Contenidos relacionados

31.2.1 Expresando pero con 但是
31.2.2 Expresando pero con 可是

tā men de fáng zi hěnxiǎo   bú guò yǒuyí gè hěnpiàoliàng de huāyuán
他们的房子很小，不过有一个很漂亮的花园。
Su casa es pequeña, sin embargo tiene un hermoso jardín.

Contenidos relacionados

31.2.3 Expresando sin embargo con 不过
31.2.4 Diferencias de uso entre 但是, 可是 *y* 不过

Otro modo de expresar **sin embargo** con 然而 será introducida más adelante:

yuánmiànbāozhōngjiān de nà bù fēnzuìhǎochī
圆面包中间的那部分最好吃，

ránér bù shì měi ge rén dōu néng chī dào
然而不是每个人都能吃到。

La parte central del pan redondo es la mejor, sin embargo no todo el mundo puede comerla.

Contenidos relacionados
_____

50.1.1 Expresando sin embargo con 然而

Otras conjunciones que han sido recogidas en estos en estos puntos gramaticales dedicados al contraste son las expresiones que introducen una segunda cláusula con algún término que en español traducimos por **de lo contrario.**

Así el primer ejemplo con 如果 viene ordenado en conjunciones que expresan condición mientras que el segundo ejemplo con 否则 lo encontrará recogido en conjunciones que expresan contraste

rúguǒ nǐ bù qù shàng kè nǐ jiù huì guà kē
如果你不去上课, 你就会挂科

Si no asistes a clase , suspenderás.

nǐ bì xū qù shàng kè fǒuzé nǐ huì guà kē
你必须去上课, 否则你会挂科

Debes asistir a clase, de lo contrario suspenderás.

Contenidos relacionados
_____

48.2.1 Expresando de otro modo, de lo contrario con 否则
48.2.2 Expresando de otro modo, de lo contrario con 要不然
48.2.3 Expresando no solo ... al contrario 不但 ...... 反而
50.1.2 Expresando al contrario y opuesto con 相反

Por último indicarle que algunos **adverbios** que se utilizan normalmente junto a estas conjunciones para enfatizar el sentido contrario de la segunda oración como 又 o 却 también han sido incluidos en estos puntos gramaticales aunque en ocasiones pueden utilizarse sin necesidad de conjunción alguna.

tā hěn pà lěng　　**yòu** bù yuàn yì duō chuān yī fú
他很怕冷，又不愿意多穿衣服。

Le da mucho miedo el frío pero no quiere llevar más ropa.

fēng tíng le　　xuě **què** yuè xià yuè dà
风停了，雪却越下越大。

El viento ha cesado pero la nieve es cada vez más intensa.

Contenidos relacionados

50.1.3 Expresando contradicción con 又
50.1.4 Expresando pero, al contrario con 却
50.1.5 Expresando por otro lado，al contrario, y con 而

Conjunciones que expresan alternativas

Encontrará agrupadas aquí las conjunciones disyuntivas, aquellas que señalan **alternativas**. Las más características de las cuales son **o**, **o** o **o bien** ....

Contenidos relacionados

48.1 Conjunciones que expresan alternativas

Iniciaremos esta sección presentando dos conjunciones, 还是 y 或者 que en español traducimos como **o**. Sin embargo, en chino no pueden usarse indistintamente. De un modo muy resumido le podemos avanzar que cuando se ofrecen dos posibilidades en una pregunta y el hablante tiene que decir una cosa o la otra se utiliza 还是 mientras que en frases enunciativas se utiliza 或者.

nǐ jīntiānzǒu **háishì** míngtiānzǒu
你今天走**还是**明天走

¿Te vas hoy o mañana?

chá **huòzhě** kāfēidōukě yǐ
茶**或者**咖啡都可以

Té o café está bien

Como siempre enunciado anterior no es del todo cierto y por eso dedicaremos un punto gramatical a ver sus diferencias de uso con exhaustividad.

tā de shēngrì shì　yuè **háishì**　yuè　wǒ bù jì de le
她的 生 日是10月**还是**11月。我不记得了。

Su cumpleaños es en octubre o noviembre. No lo recuerdo.

Contenidos relacionados

48.1.1 Diferencias de uso entre 还是 y 或者
48.1.2 Usando 呢 para dar a elegir entre dos elementos

Al igual que en español, aunque las conjunciones copulativas y las disyuntivas puedan parecer antagónicas, el hecho de que las segundas puedan tener un valor inclusivo hace que en algunos casos se llegue a producir un acercamiento entre sus significados. Lo mismo sucede en chino:

nǐ kě yǐ qù dì bā yī yuàn **huò zhě** dì liù yī yuàn
你可以去第八医院**或者**第六医院。
Puedes ir al hospital octavo o al hospital sexto.

nǐ kě yǐ cóng zhè shàn mén **huò zhě** nà shàn mén jìn qù
你可以从这扇门**或者**那扇门进去。
Se puede entrar por esta puerta o por aquella.

También se introducirán algunas conjunciones disyuntivas distributivas como **bien ... bien ...**, **sea ... sea ...**

tā yí dìng huì lái **bù shì** jīn tiān **jiù shì** míng tiān
他一定会来，**不是**今天，**就是**明天。
Seguro que vendrá, sea hoy, sea mañana.

Es posible que pueda entender que hoy no es posible que la persona regrese. Pero sí lo es, se esta indicando que si no viene hoy viene mañana. Para expresar la idea de que hoy no viene utilice :

tā jīn tiān bù lái míng tiān lái
他今天不来， 明天来。
Hoy no vendrá, vendrá mañana.

Contenidos relacionados

48.1.3 Expresando o ......o bien con 要么...... 要么

Conjunciones que expresan adición

En este mismo volumen se presentan varios usos del adverbio 还 uno de los cuales es hacer de **nexo aditivo entre dos oraciones**.

nǐ **hái** yàoshénme
你还要什么?

¿Qué más quieres?

Contenidos relacionados

27.3 Usos de 还
27.3.3 Expresando además con 还
48.4.1 Expresando también con 还

Consulte también los siguientes puntos gramaticales:

Contenidos relacionados

48.4 Conjunciones que expresan adición
48.4.2 Expresando además de y excepto con 除了......以外 XXX
48.4.3 Expresando aparte de eso, además de eso 除此以外
48.4.4 Conjunción 再说
50.3 Más conjunciones que expresan adición

Otra conjunción que expresa adición es 而且. Esta puede usarse sola como en el siguiente ejemplo

zhèběnshūméishénme yìsi **érqiě**hěnduōdì fāngkànbù dǒng
这本书没什么意思,**而且**很多地方看不懂。

Contenidos relacionados

48.4.5 Expresando además con 而且

O bien puede presentarse emparejada con 不但 o 不仅

tā **bú dàn**xué xí hǎo   **ér qiě**chángchángcānjiāxuéxiào de wényì huódòng
她**不但**学习好，**而且**常 常 参加学校的文艺活动。
Ella no solo estudia bien, sino que a menudo participa en las actividades culturales de la escuela.

Contenidos relacionados

48.4.6 Expresando no solo ... sino que además 不但......而且
48.4.7 Expresando no solo ... sino que además 不仅......而且

连 y 甚至 con el significado de **incluso** se utilizan, como en español para enfatizar un determinado caso o ejemplo. Los hemos incluido aquí porque en ocasiones aparecen combinados con 不但 aunque bien pueden utilizarse con otras conjunciones:

tā tài máng le   **shèn zhì**méiyǒuxiūxī de shíjiān
他太忙了，**甚至**没有休息的时间。
tā tài máng le   **lián**xiūxī de shíjiāndōuméiyǒu
他太忙了，**连**休息的时间都没有。
Está tan ocupado que ni siquiera tiene tiempo para descansar.

tā gōngzuòhěnnǔ lì   **shèn zhì**wàng le chī fàn
他工作很努力，**甚至**忘了吃饭。
Trabaja tanto que incluso se olvida de comer.

Contenidos relacionados

48.4.8 Expresando incluso con 连
48.4.9 Expresando incluso，hasta el punto de que con 甚至
48.4.10 Expresando no solo ... incluso 不但......，甚至连
50.3.1 Expresando No solo ... además con 既......又,也,还
50.3.2 Expresando además con 并且

Conjunciones que expresan preferencia

Agrupamos en este tipo todas aquellas conjunciones que **anteponen** una persona o cosa a otra y expresan **preferencia** por algo. Esto requiere normalmente la comparación entre dos términos. Al igual que en español un primer tipo de estas conjunciones, el primer término de la oración expresa el objeto de la preferencia y es por tanto el complemento directo del verbo preferir mientras que el segundo término se expresa normalmente mediante un complemento introducido por 也 o 也不 que traducimos al español utilizando la preposición a o el uso de la conjunción comparativa que.

Contenidos relacionados

50.2 Conjunciones que expresan preferencia

wǒ **níng kě** è sǐ **yě bù** chī gǒu ròu
我宁可饿死，也不吃狗肉。
Prefiero morir de hambre a comer carne de perro.

tā **níng yuàn** jiā bān **yě** yào bǎ gōng zuò zuò wán
他宁愿加班，也要把工作做完。
Prefiere trabajar hasta tarde y terminar su trabajo.

Contenidos relacionados

50.2.1 Expresando Prefiero ... a ... con 宁可......也不
50.2.2 Expresando Prefiero ... a ... con 宁愿......也不

Otra conjunción que expresa preferencia es 与其......不如. En este caso el término que expresa el objeto de la preferencia aparece en segundo lugar introducido por 不如 visto anteriormente

yǔ qí zài jiā lǐ **bù rú** chū qù zǒu zǒu
与其在家里，不如出去走走。
En lugar de estar en casa mejor salir a pasear.

Contenidos relacionados

50.2.3 Expresando En lugar de .... es mejor con 与其......不如
20.8 Haciendo comparaciones con 如 y 不如

Otro uso particular de 还是 también nos permite indicar una elección después de una comparación

bā diǎn chū fā tài zǎo　　**háishì** jiǔ diǎn ba
八点出发太早，**还是**九点吧

Es demasiado pronto salir a las 8 de la mañana, mejor vamos a las 9.

Contenidos relacionados

50.2.4 Usando 还是 para indicar una elección después de una comparación

Conjunciones que establecen relaciones temporales

Las conjunciones adverbiales emparejadas que establecen **relaciones temporales** entre oraciones que utilizan adverbios de foco han sido trasladadas al apartado dedicado a usos específicos del adverbio en

wǒ yǐ jīngděng le yí gè yuè le　　tā **hái** méiyǒugàosù wǒ rènhé shìqíng
我已经等了一个月了，他**还**没有告诉我任何事情。

Llevo todo el mes esperando y aún no me han dicho nada.

Contenidos relacionados

27.3 Usos de 还
27.3.1 Expresando todavía y aún con 还

wǒ zuòwánzuò yè　　wǒ **cái** xià lóuqù wán
我做完作业，我**才**下楼去玩。

No puedo bajar a jugar hasta que acabe de estudiar.

tā tèbié xǐ huānkàndiànshì　　**yì** huídàojiā tā **jiù** dǎ kāidiànshì
他特别喜欢看电视，一回到家他**就**打开电视。

Le gusta especialmente ver la televisión y en cuanto llega a casa la enciende.

Contenidos relacionados

27.6 Usos de 就
27.7 Usos de 才
36.1 Expresando tan pronto como con 一......就
36.3 Diferencias de uso entre 才 *y* 就

Por último comentarle que la conjunción 于是 que expresa causa y efecto y también secuencia ha sido excluida del grupo de conjunciones que expresan relaciones temporales y será introducida junto a 因此 en un punto gramatical dedicado a exponer sus diferencias de uso.

běn lái jīn tiān yuē hǎo qù dǎ qiú hòu lái xià yǔ le yú shì
本来今天约好去打球，后来下雨了，于是，
zhǐ hǎo míng tiān zài qù
只好明天再去。

Hoy tenía una cita para jugar a la pelota, pero luego llovió, así que iré de nuevo mañana.

Contenidos relacionados

50.5.2 Diferencias de uso entre 于是 y 因此

Conjunciones paralelas

Aquellas conjunciones que trabajan emparejadas y que además aparecen **duplicadas** han sido desplazadas a otra sección propia.

tā men **yī biān** gōngzuò **yī biān** liáotiānér

他们**一边**工作 **一边**聊天儿。

Mientras trabaja, habla.

lǎoshī **yuè** shuō tā **yuè** bù míngbái

老师**越**说，他**越**不明白。

Cuanto más habla el profesor, menos entiende él.

Contenidos relacionados

Si hemos cometido algún error clasificándolas según este criterio expuesto, esperemos que sea el mismo error que cometa usted cuando vaya a consultarlas y así le habremos ahorrado algo de tiempo cuando intente localizarla.

31.1 Conjunciones que expresan causa y efecto

Algunos de los **conectores causales** más utilizados en español son: así que, por esta razón, de modo que, por consiguiente, por ende, ello se debe a, por lo tanto, porque, pues, dado que, a causa de, por el hecho de que, ya que... Del mismo modo el chino tiene también una gran cantidad de conjunciones que pueden expresar la relación de **causa** y **efecto** existente entre varios sucesos.

En este volumen vamos a ver una conjunción básica que nos permite articular causa y efecto en la misma oración.

yīnwéi yínhángpáiduì de rénbù shǎo   suǒyǐ tā xiǎngmíngtiānzàiqù huánqián
因为银行排队的人不少，所以他想明天再去还钱。

Quiere devolver el dinero mañana porque hay mucha gente haciendo cola en el banco.

Contenidos relacionados
_____

31.1.1 Expresando porque ... Así que 因为……所以

En próximos puntos gramaticales presentaremos más conjunciones que expresan causa y efecto

yóuyú xià dà xuě   yuē   cì hángbānbèiqǔ xiāo
由于下大雪，约300次航班被取消。

Se han cancelado unos 300 vuelos debido a una fuerte nevada.

tā men liú jiā le   yú shì bù lěng
他们留家了，于是不冷。

Se quedaron en casa, así que no pasaron frío.

Contenidos relacionados
_____

31.1.1 EXPRESANDO PORQUE ... ASÍ QUE 因为......所以

En un primer lugar se expone la causa precedida por 因为 y luego el efecto precedido por 所以. En español puede sonar redundante el uso de ambos nexos en la misma oración pero en chino es algo perfectamente normal.

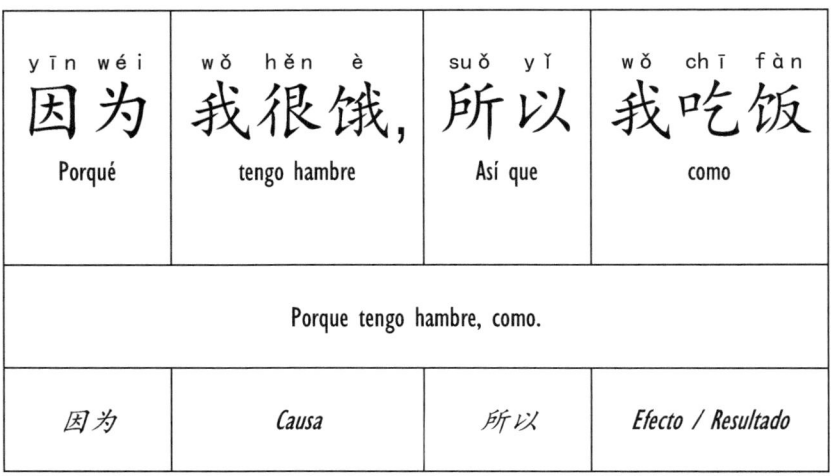

yīn wéi 因为 Porqué	wǒ hěn è 我很饿, tengo hambre	suǒ yǐ 所以 Así que	wǒ chī fàn 我吃饭 como
Porque tengo hambre, como.			
因为	Causa	所以	Efecto / Resultado

yīnwéi wǒ kě le suǒyǐ wǒ hē shuǐ
因为我渴了,**所以**我喝水。
Bebo agua porque tengo sed.

yīnwéi lǎoshī gǎnmào le suǒyǐ tā méiyǒu láishàngkè
因为老师感冒了,**所以**他没有来上课。
No vino a clase porque el profesor estaba resfriado.

yīnwéi míngtiān yǒukǎoshì suǒyǐ tā zhè me wǎn le háizàikànshū
因为明天有考试,**所以**他这么晚了还在看书。
Está leyendo a estas horas porque tiene un examen mañana.

yīnwéi xiǎngqù zhōngguó suǒyǐ nǐ yàoxué zhōngwén
因为想去中国,**所以**你要学中文。
Como quieres ir a China, debes estudiar chino.

yīnwéi tàirè le suǒyǐ wǒ yàohē bīngkě lè
因为太热了,**所以**我要喝冰可乐
Como hace mucho calor quiero beberme una coca cola fría.

El sujeto normalmente se emplaza detrás de 因为:

yīnwéi wǒ huì shuō zhōngwén　　suǒyǐ wǒ yàoqù zhōngguó
因为我会说中文，**所以**我要去中国。
Como sabes hablar chino, puedes ir a China.

yīnwéi nǐ bù shì wǒ　　suǒyǐ nǐ bù míngbái
因为你不是我，**所以**你不明白。
Como tu no eres yo, no lo entiendes.

yīnwéi tā bù zàizhè lǐ　suǒyǐ wǒ gěi tā dǎ diànhuà
因为他不在这里，**所以**我给他打电话。
Como él no está aquí le llamaré.

yīnwéi nǐ méi lái　suǒyǐ tā hěn bù gāoxìng
因为你没来，**所以**他很不高兴。
Como tu no has venido, él no está contento.

yīnwéi nǐ chídào le　　suǒyǐ yàoshuō　duì bù qǐ
因为你迟到了，**所以**要说"对不起"。
Como has llegado tarde, debes decir "lo siento".

yīnwéi wǒ xǐhuān zhōngguó wénhuà　　suǒyǐ lái zhōngguó xuéxí hànyǔ
因为我喜欢中国文化，**所以**来中国学习汉语。
Vine a China para aprender chino porque me encanta la cultura china.

Si ambas oraciones tienen el **mismo sujeto** la conjunción de la primera oración se puede colocar detrás del sujeto.

tā **yīnwéi** méi yǒu mǎi dào piào　　suǒyǐ bù huí jiā le
她**因为**没有买到票，**所以**不回家了。
No va a volver a Canadá porque no ha conseguido un billete.

En ocasiones no es necesario utilizar la estructura completa y tanto 所以 como 因为 pueden utilizarse por separado.

所以 puede utilizarse para explicar los resultados sin necesidad de introducir la causa con 因为. Es el equivalente a **así que**... o **por lo tanto** en español.

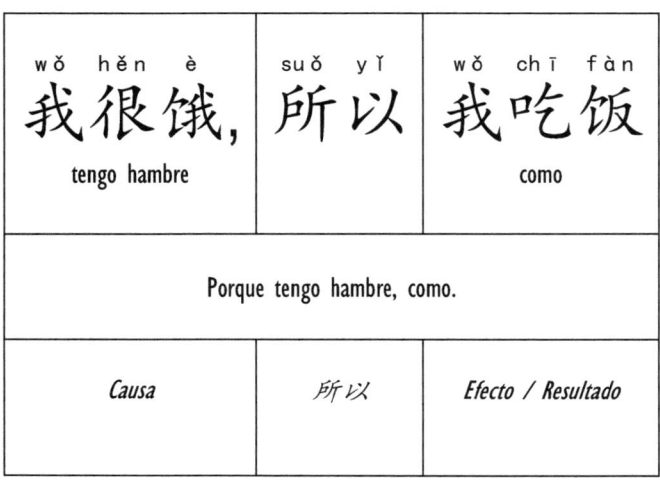

wǒ hěn è 我很饿, tengo hambre	suǒ yǐ 所以	wǒ chī fàn 我吃饭 como
Porque tengo hambre, como.		
Causa	*所以*	*Efecto / Resultado*

xià yǔ le **suǒ yǐ** bǐ sài qǔ xiāo le
下雨了，**所以**比赛取消了。
Esta lloviendo, así que se ha cancelado la competición.

tā méi yǒu qián **suǒ yǐ** méi yǒu nǚ péng yǒu
他没有钱，**所以**没有女朋友。
Como no tiene dinero no tiene novia.

nǐ méi lái **suǒ yǐ** tā hěn bù gāo xìng
你没来，**所以**他很不高兴。
No has venido, así que no está contento.

wǒ hěn lěi **suǒ yǐ** xiǎng xiū xī
我很累，**所以**想休息。
Como estoy muy cansado quiero descansar.

tā bù bèi lǎo bǎn zhòng shì **suǒ yǐ** tā jué dìng lí kāi zhè jiā gōng sī
他不被老板重视，**所以**他决定离开这家公司。
Debido a que su jefe no lo valoraba decidió dejar la empresa.

De un modo similar puede introducir el efecto o resultado primero y luego aportar la explicación con 因为.

wǒ chī fàn	yīn wéi	wǒ hěn è
我吃饭，	因为	我很饿
como		tengo hambre
Como porque tengo hambre.		
Efecto / Resultado		*Causa*

wǒ hē shuǐ **yīnwéi** wǒ kě le
我喝水，**因为**我渴了。
Bebo agua porque tengo sed.

tā méiyǒu lái shàngkè **yīnwéi** lǎoshī gǎnmào le
他没有来上课，**因为**老师感冒了
No vino a clase porque el profesor estaba resfriado.

mā mā hěnzhāojí **yīnwéi** mèimèi xiànzài hái méiyǒu huíjiā
妈妈很着急，**因为**妹妹现在还没有回家。
Mama esta preocupada porque la hermana mayor aun no ha vuelto a casa.

wǒ mèimèi fēicháng tǎoyàn chī yào **yīnwéi** shízài shì tài kǔ le
我妹妹非常讨厌吃药，**因为**实在是太苦了。
Mi hermana menor odia tomar medicamentos porque le saben demasiado amargos.

Para ofrecer respuesta a preguntas formuladas con el pronombre interrogativo 为什么 también es posible utilizar 因为 para introducir la respuesta:

nǐ **wèishénme** hē shuǐ
你**为什么**喝水

¿Por qué bebes agua?

yīnwéi wǒ kě le
因为我渴了。

Porque tengo sed.

nǐ **wèishénme** chī fàn
你**为什么**吃饭

¿Por qué comes?

yīnwéi wǒ hěn è
因为我很饿。

Porque tengo hambre.

Contenidos relacionados
_____

9.3.8 Preguntando por qué con 为什么

Para verificar una suposición de una relación causa-efecto, puede anteponer 是不是 a todo la estructura:

shì bù shì yīnwéi xiànzài tiānqì lěng **suǒyǐ** běijīng rén chángchī huǒguō
是不是因为现在天气冷，**所以**北京人常吃火锅

¿Es porque el clima es frío ahora que los pekineses comen olla caliente?

31.2 CONJUNCIONES QUE EXPRESAN CONTRASTE

Encontrará en este apartado aquellas expresiones que expresan un **contraste** o **contrariedad** con algo que se ha expuesto anteriormente. En este volumen introduciremos varias de ellas, siendo la conjunción adversativa por excelencia **pero**.

Con ellas se contraponen dos ideas

suīrántā zhù de hěnyuǎn   dàntā měitiāndōuzǒulù guòlái
虽然他住得很远，但他每天都走路过来。

Pasearemos aunque llueva.
Llueve pero iremos a pasear.

Contenidos relacionados

31.2.1 Expresando pero con 但是
31.2.2 Expresando pero con 可是
31.2.3 Expresando sin embargo con 不过
31.2.4 Diferencias de uso entre 但是, 可是 *y* 不过
31.3.1 Expresando aunque con 虽然......但是

31.2.1 EXPRESANDO PERO CON 但是

但是 tiene el significado de pero y como conjunción adversativa contrapone un concepto a otro ya mencionado anteriormente. En este caso el contraste que se expresa es **muy fuerte**, se indica pues que las dos afirmaciones son totalmente **incompatibles**. Normalmente, se utiliza 但是 para enfatizar lo contrario, o presentar su argumento o rechazo. Su uso gramatical no difiere en absoluto del uso que le damos en español.

dàn shì
但是
Pero

nǐ hěnshuài **dànshì** bù shì wǒ de cài
你很帅，**但是**不是我的菜。
Eres guapo pero no eres mi tipo.

zhōngwén hěn yǒuyìsi **dànshì** tài nán le
中文很有意思，**但是**太难了。
El chino es interesante, pero demasiado difícil.

zhè ge bāoh ěnhǎokàn **dànshì** bù shíyòng
这个包很好看，**但是**不实用。
Este bolso es muy bonito pero no es práctico.

tā chūshēngzàizhōngguó **dànshì** bú huì shuōzhōngwén
她出生在中国，**但是**不会说中文。
Nació en China pero no habla chino.

wǒ xiǎng qù jiǔbā **dànshì** xiànzàiyǒudiǎnzǎo
我想去酒吧，**但是**现在有点早。
Quiero ir al bar, pero es un poco temprano.

tā xūyàoqián **dànshì** bù yuànyì gōngzuò
他需要钱，**但是**不愿意工作。
Necesita dinero, pero no quiere trabajar.

En el chino hablado, 但是 puede acortarse a 但.

tā de nánpéngyǒu hěn shuài **dàn** tā fēicháng bèn
她的男朋友很帅，但他非常笨！

Su novio es guapo, pero es muy tonto!

Para enfatizar o indicar una condición que no ha resultado ser como la mencionada anteriormente, indicar un giro inesperado en lo que se está comentando, es posible incluir en la estructura el adverbio 却, que enfatiza aún más la contrariedad con lo anteriormente expresado.

zhè liǎng jiàn yī fú de kuǎnshì yí yàng **dànshì** zhìliàng **què** yǒu hěn dà chābié
这两件衣服的款式一样，但是质量却有很大差别。

Los dos vestidos son del mismo estilo, pero la calidad es muy diferente.

Contenidos relacionados

50.1.4 Expresando pero, al contrario con 却

但是 también puede combinarse con 虽然 o 尽管 para formar oraciones que expresan una concesión La primera cláusula, que comienza con 虽然, con el significado de **aunque** expresará cierta información de fondo, mientras que la segunda cláusula, que comienza con 但是 introduce expresa el hecho o la conclusión que se alcanza.

zhōngwén **suīrán** hěn yǒuyìsi **dànshì** tài nán le
中文虽然很有意思，但是太难了。

Aunque el chino es bastante interesante, es muy difícil.

jǐnguǎn tā chūshēng zài zhōngguó **dànshì** tā bú huì shuō zhōngwén
尽管她出生在中国，但是她不会说中文。

Aunque ha nacido en China, no sabe hablar chino.

Contenidos relacionados

31.3.1 Expresando aunque con 虽然......但是
50.6.2 Expresando aunque con 尽管......但是

31.2.2 EXPRESANDO PERO CON 可是

可是 es un poco más informal e introduce un **tono más suave** en el discurso que 但是
pero sigue teniendo el significado de **pero.** Se utiliza más habitualmente en el chino hablado.

zhōngwénhěnyǒuyì si　　**kě shì** tài nán le
中文很有意思，**可是**太难了。
El chino es bastante interesante, pero muy difícil.

wǒ xiǎngxuéyīngwén　　**kě shì** xiànzài tài wǎn le
我想学英文，**可是**现在太晚了。
Quiero aprender inglés, pero ya es demasiado tarde.

wǒ xiǎngyǎngzhī māo　　**kě shì** bà bà bù tóng yì
我想养只猫，**可是**爸爸不同意。
Quiero criar un gato, pero mi padre no está de acuerdo.

Aunque normalmente 可是 y 但是 son intercambiables y pueden usarse indistintamente,
tenga en cuenta que 可是 se asocia normalmente a sentimientos negativos como pueden
ser la lástima, la decepción, la frustración o el arrepentimiento. Así, cuando en la segunda
cláusula se introduce un hecho o suceso que el hablante considera desafortunado suena
más natural si se utiliza 可是 en lugar de 但是:

wǒ hěnxiǎngmǎi xīnshǒujī　　**kě shì** qián bú gòu
我很想买新手机，**可是**钱不够。
Me gustaría mucho comprar un nuevo teléfono móvil, pero (desgraciadamente) no me llega el dinero.

wǒ xǐ huāntā　**kě shì** tā bù xǐ huānwǒ
我喜欢她，**可是**她不喜欢我。
Me gusta, pero (por desgracia) yo no le gusto a ella.

zhèchǎngbǐ sàiwǒ ménhěnnǔ lì　　**kě shì** zuìhòuháishì shū le
这场比赛我们很努力，**可是**最后还是输了。
Hemos luchado mucho en el partido, pero (desafortunadamente) al final hemos perdido.

Al igual que 但 , 可是 suele acortarse a un simple 可 en el chino hablado lo que hace que la oración suene aún más informal.

wǒ yǐ jīng jiǎn féi yí gè yuè le **kě** yì diǎn ér yě méi shòu
我已经 减肥一个月了，**可**一点儿也没瘦。

Llevo un mes a dieta, pero no he perdido peso.

Contenidos relacionados
_____

57.5 Usos de 可

可是 y su forma abreviada 可 también pueden encontrarse combinadas con 虽然 o 尽管 con el significado de aunque , sin embargo estas dos combinaciones se producen poco porque tanto 虽然 como 尽管 se utilizan mucho más en lenguaje formal mientras que 可是 introduce un tono más casual como se ha comentado anteriormente. De modo que aunque la frase es gramaticalmente correcta, suena un tanto extraña.

su rán zhè ge jù zi yǔ fǎ zhèng què **kě shì** tā tīng qǐ lái bù zì rán
虽然这个句子语法 正确，**可是**它听起来不自然
su rán zhè ge jù zi yǔ fǎ zhèng què **dàn shì** tā tīng qǐ lái bù zì rán
虽然这个句子语法 正确，**但是**它听起来不自然

Aunque la frase es gramaticalmente correcta, suena un tanto extraña.

zhè fèn gōng zuò **su rán** shōu rù gāo **kě shì** jīng cháng yào jiā bān
这份工作**虽然**收入高**可是**经 常 要加班。
zhè fèn gōng zuò **su rán** shōu rù gāo **dàn shì** jīng cháng yào jiā bān
这份工作**虽然**收入高**但是**经 常 要加班。

Este trabajo está bien pagado, pero a menudo tengo que hacer horas extras.

Contenidos relacionados
_____

31.3.1 Expresando aunque con 虽然......但是

Usando 可是 para enfatizar

可是 se puede utilizar para enfatizar la opinión del hablante sobre algo. Se trata de un uso particular de 可是 que no debe ser confundido con su uso como conjunción. En este uso particular no puede ser reemplazado por 但是.

En español tenemos varias formas de expresar equivalentes pero ninguna de ellas es tan concreta. En los ejemplos que siguen a continuación debe imaginar un contexto donde la persona oyente no conoce el edificio ni a las dos conocidas personalidades que se presentan, de modo que, el hablante al introducir 可是 en la oración enfatiza el hecho de que le sorprende que no los conozca. Una posible traducción al español de las oraciones utilizando **pero** sería: Pero como no vas a conocer a Nadal si es el mejor tenista del mundo.

zhè **kě shì** shànghǎi zuì gāo de lóu
这可是上海最高的楼。
Este es el edificio más alto de Shanghai.

nà dá ěr **kě shì** shì jiè shàng zuì hǎo de wǎngqiú yùndòngyuán
纳达尔可是世界上最好的网球运动员。
Nadal es el mejor tenista del mundo.

lǎng lǎng **kě shì** shì jiè shàng zuì hǎo de gāngqín jiā
朗朗可是世界上最好的钢琴家。
Lang Lang es el mejor pianista del mundo.

Una expresión que puede resultarle útil y que se utiliza tanto con 但是 como con 可是 es la siguiente. Con ella se enfatiza que determinada característica de algo no impide resultar en otra, contraria a la que se enfatiza con el verbo 是.

lǎo	shì	lǎo	dàn shì / kě shì	hěn piàoliàng
老	是	老	但是/可是	很漂亮
Viejo	Ser	Viejo	Pero	Muy bonitos.
Viejos son, pero son muy bonitos.				
Adjetivo	是	Adjetivo	但是/可是	...

nà ge fáng zi piàoliàng shì piàoliàng kě shì zhēnguì
那个房子漂亮是漂亮,**可是**真贵!
Esta casa bonita lo es, pero es muy cara!

tā de nánpéngyǒu shuài shì shuài dànshì tā fēicháng bèn
她的男朋友帅是帅,**但是**他非常笨!
Su novio guapo es guapo, pero es muy tonto!

wǒ māma hǎo shì hǎo dànshì yǒu de shíhòu tā yǒu yìdiǎn máfan
我妈妈好是好,**但是**有的时候她有一点麻烦。
Mi madre buena lo es, pero a veces es un poco molesta. (pesada/ que agobia...)

nà běn shū yǒuyìsi shì yǒuyìsi kě shì tài zhǎng le
那本书有意思是有意思,**可是**太长了!
Este libro, interesante lo es, pero es demasiado largo!

wǒ men dōu lěi **shì** lěi **dàn shì** wǒ men yīng gāi duō xué xí
我们都累**是**累，**但是**我们应该多学习。

Nosotros, cansados lo estamos, pero debemos estudiar más.

zhè jiàn yī fú měi **shì** měi **kě shì** wǒ jué de qù gōng zuò nǐ bù néng chuān
这件衣服美**是**美，**可是**我觉得去工作你不能 穿。

Esta ropa, bonita lo es, pero creo que no te la puedes poner para ir a trabajar.

La misma estructura también se puede utilizar con verbos de sentimiento:

xǐ huān **shì** xǐ huān **dàn shì** tài guì le
喜欢**是**喜欢，**但是**太贵了。

De gustarme me gusta, pero es demasiado caro.

31.2.3 EXPRESANDO SIN EMBARGO CON 不过

Puede utilizar 不过 del mismo modo que utiliza 可是 o 但是 pero debe tener en cuenta que 不过 es más suave y formal. 不过, a diferencia de 但是 o 可是 no enfatiza lo contrario, sino que **añade observaciones adicionales** al enunciado (una condición, una corrección, un comentario, etc.) En ocasiones introduce un tono de **excusa** al discurso. Por todo esto podríamos traducirlo por **sin embargo** en español.

bú guò

不过

Sin embargo

En los siguientes ejemplos 不过 introduce una **corrección** o un **comentario**:

tā men de fáng zǐ hěn xiǎo   bú guò yǒu yí gè hěn piào liàng de huā yuán
他们的房子很小，**不过**有一个很漂亮的花园。
Su casa es pequeña, sin embargo tiene un hermoso jardín.

zhè jiā jiǔ diàn bù shì tài háo huá   bú guò hái xíng
这家酒店不是太豪华，**不过**还行。
Este hotel no es tan lujoso, pero está bien.

tā shì měi guó rén   bú guò huì shuō zhōng wén
他是美国人，**不过**会说中文。
Es americano, pero habla chino.

nǐ de pǔ tōng huà fā yīn bú cuò   bú guò yǒu yí gè xiǎo wèn tí
你的普通话发音不错，**不过**有一个小问题。
Tu pronunciación en mandarín no es mala, pero hay un pequeño problema.

zhè shuāng xié tǐng hǎo kàn de   bú guò yǒu diǎn guì
这双鞋挺好看的，**不过**有点贵。
Este par de zapatos se ve bien, pero hay un pequeño problema.

nà ge dì fāng wǒ méi qù guò   bú guò tīng shuō hěn hǎo wán
那个地方我没去过，**不过**听说很好玩。
No he estado en ese lugar, pero he oído que es divertido.

zhè fèn gōng zuò hěn qīng sōng   bú guò gōng zī bù gāo
这份工作很轻松，**不过**工资不高。

Este trabajo es fácil, pero el salario no es muy alto.

wǒ hěn xiǎng cí zhí   bú guò méi yǒu dǎn zi
我很想辞职，**不过**没有胆子。

Me gustaría dejarlo, pero no tengo las agallas.

En los ejemplos que siguen 不过 introduce una **condición** y se utiliza con el significado de **a condición de que:**

wǒ kě yǐ gēn nǐ zǒu   bú guò wǒ yào xiān dǎ diàn huà gěi wǒ mā mā
我可以跟你走，**不过**我要先打电话给我妈妈。

Puedo ir contigo, pero tengo que llamar a mi madre primero.

nǐ kě yǐ guò lái   bú guò nǐ yào xiān dā yìng wǒ yí jiàn shì
你可以过来，**不过**你要先答应我一件事。

Puedes venir, pero primero tienes que prometerme algo.

wǒ kě yǐ bāng nǐ   bú guò bú yào gào sù tā
我可以帮你，**不过**不要告诉他。

Puedo ayudarte, pero no se lo digas.

Expresando sólo, meramente o simplemente con 不过

Además de los significados indicados anteriormente, 不过 también puede significar **sólo, meramente o simplemente** en otros contextos.

zhè bú guò shì ge wán xiào
这**不过**是个玩笑。

Es sólo una broma.

tā bú guò bǐ nǐ dà liǎng suì
他**不过**比你大两岁。

Sólo tiene dos años más que tú.

méi guān xi   bú guò shì ge xiǎo wèn tí
没关系！**不过**是个小问题！

¡Tranquilo! ¡Sólo es un pequeño problema!

31.2.4 DIFERENCIAS DE USO ENTRE 但是, 可是 Y 不过

Como hemos visto en los puntos anteriores hay tres palabras que corresponden al pero español en chino: 但是, 可是 y 不过 . 但是 suena más formal y se suele utilizar para enfatizar lo contrario o enunciar un motivo de rechazo. 可是 suena más informal, suele asociarse a sentimientos negativos y es intercambiable con 但是 la mayoría de las veces. 不过, aún es más suave y se utiliza principalmente para añadir observaciones adicionales a lo enunciado.

wǒ bì yè hěnduōnián le　　bú guò wǒ háishì chángchángliánxì lǎotóngxué
我毕业很多年了,不过我还是常 常 联系老同学。

wǒ bì yè hěnduōnián le　　dànshì wǒ háishì chángchángliánxì lǎotóngxué
我毕业很多年了,但是我还是常 常 联系老同学。

wǒ bì yè hěnduōnián le　　kě shì wǒ háishì chángchángliánxì lǎotóngxué
我毕业很多年了,可是我还是常 常 联系老同学。

Me gradué hace muchos años, pero todavía sigo en contacto con mis antiguos compañeros.

míngtiānshàngwǔ　　　　kāihuì bú guò wǒ wàng le dì diǎn
明 天 上 午9:00 开会,不过我忘了地点。

La reunión es mañana a las 9:00, pero he olvidado dónde.

wǒ men de fángzǐ hěnxiǎo bú guò yǒuyí gè hěnpiàoliàng de huāyuán
我们的房子很小,不过有一个很漂 亮 的花园。

Nuestra casa es pequeña, pero tenemos un hermoso jardín.

Recuerde que 不过 también puede significar **sólo, meramente**

wǒ men **bú guò** tán le diǎn ér gōngzuò fāngmiàn de wèntí   biéde dōu méi tán
我们**不过**谈了点儿工作方面的问题, 别的都没谈。

Hablamos un poco de trabajo, pero nada más.

wǒ **bú guò** shì gěi le xiē jiànyì
我**不过**是给了些建议,
zhè yí qiè dōu shì nǐ xìngkǔ nǔ lì de jiéguǒ
这一切都是你幸苦努力的结果。

Sólo he dado algunos consejos, y todo ha sido el resultado de tu trabajo.

xiànzài **bú guò** shí èr diǎn   chī fàn hái zǎo ne
现在**不过**十二点, 吃饭还早呢。

Sólo son las doce, aún es pronto para cenar.

xiànzài chéngzuò fēijī **bú guò** shí jǐ gè xiǎoshí
现在乘坐飞机**不过**十几个小时。

El vuelo sólo dura ahora algo más de diez horas.

31.3 Conjunciones que expresan concesión

31.3.1 Expresando aunque con 虽然......但是

Para expresar una concesión en chino se deben combinar dos conjunciones 虽然 y 但是 que introducen dos clausulas distintas. La primera cláusula, que comienza con 虽然, con el significado de **aunque** expresa cierta información de fondo, mientras que la segunda cláusula, que comienza con 但是, con el significado de **pero**, expresa el hecho o la conclusión que se afirma.

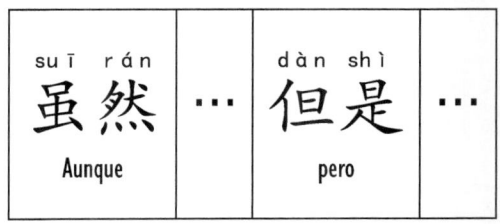

Observe que en español no usamos **pero** para introducir la segunda cláusula en este tipo de oraciones y el uso de aunque es suficiente. Sin embargo, en chino debe incluirse ya que de otro modo la oración seria incorrecta gramaticalmente. Cuando ambas conjunciones aparecen emparejadas en chino, 但是 no se traduce como **pero** en español.

suīrán jīntiāntiānqì hěnlěng
虽然今天天气很冷，
dànshì tā menháiyàoqù wàimiànduànliànshēntǐ
但是他们还要去外面锻炼身体。
Aunque hoy hace mucho frío, vamos a ir a hacer ejercicio al exterior.

suīrán wǒ menshì fēichánghǎo de péngyǒu   dànshì yǒu de shíhòuyě chǎojià
虽然我们是非常好的朋友，但是有的时候也吵架。
Aunque somos muy buenos amigos a veces también discutimos.

suīrán wǒ rènzhēnxué le zhōngwén dànshì wǒ qù běijīng de shíhòushén me dōutīng
虽然我认真学了中文,但是我去北京的时候什么都听

bù dǒng
不懂!

Aunque estudiaba chino seriamente, cuando fui a Beijing no entendía nada.

suīrán xué shēnghěncōngmíng dànshì zhèxiēdōngxī tā men dōubù liǎojiě le
虽然学生很聪明, 但是这些东西他们都不了解了。

Aunque los alumnos son muy inteligentes, estas cosas no las han entendido ninguno de ellos.

suīrán wǒ chī le hěnduōmiànbāo dànshì wǒ è sǐ le
虽然我吃了很多面包, 但是我饿死了。

Aunque he comido mucho pan, me muero de hambre.

suīrán zhè lǐ de huánjìnghěnpiàoliàng dànshì wǒ xǐhuāndà chéngshì
虽然这里的环境很漂亮, 但是我喜欢大城市。

Aunque aquí el paisaje es muy bonito, a mi me gustan las grandes ciudades.

suīrán wǒ fāxiàn tāmen yào jiéhūn, **dànshì** wǒ méi gàosù tā
虽然我发现他们要结婚，但是我没告诉她！

Aunque me enteré que iban a casarse, no se lo dije.

suīrán zhè ge dìtú shì xīn de, **dànshì** yǐjīng huài le
虽然这个地图是新的，但是已经坏了。

Aunque este mapa es nuevo, ya está roto.

suīrán jīntiān hěn guāfēng, **dànshì** wǒmen yào qù wàimiàn zuò yùndòng
虽然今天很刮风，但是我们要去外面做运动。

Aunque hace mucho viento, iremos fuera a hacer deporte.

nà ge háizi **suīrán** hěn cōngmíng, **dànshì** xuéxí bú gòu nǔlì
那个孩子虽然很聪明，但是学习不够努力。

Ese niño es inteligente pero no estudia lo suficiente.

suīrán wǒ bǐ tā liǎng suì, **dànshì** bǐ tā ǎi
虽然我比她两岁，但是比她矮。

Aunque soy dos años mayor soy más bajo que ella.

Tenga en cuenta que cuando ambas cláusulas comparten el **mismo sujeto** y se comienza la frase con él, el sujeto debe **omitirse en la segunda cláusula**. En esencia, se trata de una estructura sujeto-predicado, en la que el sujeto sólo puede aparecer una vez.

suīrán tā hěn qióng, dànshì tā hěn lèguān
虽然他很穷，但是他很乐观。

tā **suīrán** hěn qióng, dànshì hěn lèguān
他虽然很穷，但是很乐观。

Aunque es pobre, es optimista.

suīrán tā hěn niánqīng, dànshì tā dǒng hěn duō
虽然他很年轻，但是他懂很多。

tā **suīrán** hěn niánqīng, dànshì dǒng hěn duō
他虽然很年轻，但是懂很多。

Aunque es joven, entiende mucho.

suīrán wǒ shībài le, **dànshì** wǒ bú huì fàngqì
虽然我失败了，但是我不会放弃。

wǒ **suīrán** shībài le, **dànshì** bú huì fàngqì
我虽然失败了，但是不会放弃。

Aunque he fracasado, no me rendiré.

suīránwǒ menrènshi　dànshì wǒ men bù shì péngyǒu
虽然我们认识，但是我们不是朋友。

wǒ men suīránrènshi　dànshì bù shì péngyǒu
我们虽然认识，但是不是朋友。

Aunque nos conocemos, no somos amigos.

suīránzhè ge guójiā hěnxiǎo　dànshì tā hěnfā dá
虽然这个国家很小，但是它很发达。

zhè ge guójiā suīrán hěnxiǎo　dànshì hěnfā dá
这个国家虽然很小，但是很发达。

Aunque este país es pequeño, está muy desarrollado.

suīrán zhè ge cài hěnguì dànshì tā hěnhǎochī
虽然这个菜很贵，但是它很好吃。

zhè ge cài suīrán hěnguì　dànshì hěnhǎochī
这个菜虽然很贵，但是很好吃。

Este plato aunque es caro es muy bueno.

suīránwǒ méikànguò zhèběnshū　dànshì wǒ zhīdàotā jiǎngshén me
虽然我没看过这本书，但是我知道它讲什么。

wǒ suīrán méikànguò zhèběnshū　dànshì zhīdàotā jiǎngshén me
我虽然没看过这本书，但是知道它讲什么。

Aunque no he leído este libro, sé lo que cuenta.

Cuando en una frase intervienen diferentes sujetos, es obvio que no debe omitirse ninguno de ellos, pues de lo contrario el significado resultará poco claro. Puede situar 虽然 al principio de la frase o después del sujeto.

suīrán cháhěnhǎo   dànshì wǒ gèngxǐhuānkā fēi
虽然茶很好，但是我更喜欢咖啡。
chá suīrán hěnhǎo   dànshì wǒ gèngxǐhuānkā fēi
茶虽然很好，但是我更喜欢咖啡。

Aunque el té es bueno, prefiero el café.

wàimiàn suīrán hěnrè   dànshì lǐmiànhěnliángkuài
外面虽然很热，但是里面很凉快。
suīrán wàimiànhěnrè   dànshì lǐmiànhěnliángkuài
虽然外面很热，但是里面很凉快。

Aunque hace calor fuera, se está fresco dentro.

wǒ suīrán méiwèntí   dànshì wǒ de nǚpéngyǒubù tóngyì
我虽然没问题，但是我的女朋友不同意。
suīrán wǒ méiwèntí   dànshì wǒ de nǚpéngyǒubù tóngyì
虽然我没问题，但是我的女朋友不同意。

Aunque yo no tengo ningún problema, mi novia no está de acuerdo.

Uso de 虽然 por sí solo

虽然 no tiene que aparecer necesariamente junto a 但是 y puede utilizar solo. Este uso es equivalente al uso que damos a **aunque** en español con la diferencia de que 虽然 debe encabezar la segunda cláusula de la frase.

tā bùkuàilè   suīrán tā yǒuhěnduōqián
他不快乐，虽然他有很多钱。

No es feliz, aunque tiene mucho dinero.

wǒ bùxiǎngchūmén   suīrán tiānqì hěnhǎo
我不想出门，虽然天气很好

No quiero salir, aunque hace buen tiempo.

Uso de 但是 por sí solo

虽然 ... 但是... es una expresión bastante formal en chino, y se prefiere su utilización en la escritura y entornos formales. En las conversaciones cotidianas, la gente suele utilizar simplemente 但是 o su versión abreviada 但.

tā yǒuhěnduōqián **dànshì** tā bù kuàilè
他有很多钱，**但是**他不快乐。

tā yǒuhěnduōqián **dàn** tā bù kuàilè
他有很多钱，**但**他不快乐。

Tiene mucho dinero pero no es feliz

tiānqì hěnhǎo **dànshì** wǒ bù xiǎngchūmén
天气很好，**但是**我不想出门

tiānqì hěnhǎo **dàn** wǒ bù xiǎngchūmén
天气很好，**但**我不想出门。

Hace buen tiempo pero no quiero salir.

Expresiones similares

虽然 ... 可是 ...

虽然 también puede combinarse con 可是 pero es una combinación menos común en comparación con 虽然 ... 但是 ..., ya que 虽然 se utiliza principalmente en contextos formales, mientras que 可是 se utiliza en contextos informales. Sin embargo, 可是 suele asociarse a sentimientos negativos, por ejemplo, decepción, frustración, arrepentimiento o lástima y en este caso 可是 puede utilizarse en el sentido de **lamentablemente**, **desafortunadamente** o **por desgracia**.

suīrán wǒ hěnxiǎngmǎixīnshǒujī **kěshì** qiánbú gòu
虽然我很想买新手机，**可是**钱不够。

Me gustaría mucho comprarme un móvil nuevo, desafortunadamente el dinero no me alcanza.

suīrán wǒ xǐhuāntā **kěshì** tā bù xǐhuānwǒ
虽然我喜欢她，**可是**她不喜欢我。

Ella me gusta, pero por desgracia yo no le gusto a ella.

Del mismo modo que 但是 puede acortarse como 但, 可是 suele acortarse a 可 en el chino hablado.

zhèchǎngbǐsàiwǒ men **suīrán** hěnnǔ lì **kě** zuìhòuháishìshū le
这场比赛我们**虽然**很努力，**可**最后还是输了。

Aunque hemos luchado mucho en el partido, por desgracia al final hemos perdido.

虽然 ... 还是 ...

虽然 puede emparejarse con 还是 para expresar **aunque...**, **todavía...**

tā **suīrán** wǔ shí duō le   **háishì** méi jié hūn
他**虽然**五十多了，**还是**没结婚。

Aunque tiene más de cincuenta años, todavía no está casado.

suīrán wài miàn zài xià yǔ   tā **háishì** chū qù pǎo bù le
虽然外面在下雨，他**还是**出去跑步了。

Aunque está lloviendo afuera, igual salió a correr.

Además si se quiere enfatizar más la situación es posible combinar 但是 y 还是 en la misma cláusula:

wǒ **suīrán** hěn máng   **dànshì háishì** jiān chí měi tiān xué xí zhōng wén
我**虽然**很忙，**但是还是**坚持每天学习中文。

Aunque estoy muy ocupado, sigo aprendiendo chino cada día.

Observe donde se emplaza el sujeto de la segunda cláusula en caso de ser diferente de la primera cláusula :

suīrán wǒ men yíng le   **dànshì** jiào liàn **háishì** bù mǎn yì wǒ mén de biǎo xiàn
虽然我们赢了，**但是**教练**还是**不满意我们的表现。

Aunque hemos ganado, el entrenador todavía no está satisfecho con nuestra actuación.

虽然... 却 ...

El adverbio 却 también pueden ser combinado con 虽然. Aporta un sentido de **sorpresa** e indica que el hecho o la conclusión que se afirma en la segunda cláusula que se inicia con una afirmación es contraria a lo que puede esperarse normalmente.

Tenga en cuenta que aunque hemos incluido 却 en el punto dedicado a otras conjunciones que expresan contraste, gramaticalmente **es un adverbio** y como tal, se usa normalmente delate de un verbo o un adjetivo. A diferencia de 可是 y dan 但是 no debe situarse delante del sujeto.

tā suīrán shì xiānggǎngrén   què bú huì shuō yuè yǔ
他**虽然**是香港人，**却**不会说粤语。

Aunque es de Hong Kong, sorprendentemente no sabe hablar cantonés.

Puede consultar más ejemplos en el siguiente punto gramatical:

Contenidos relacionados

50.1.4 Expresando pero, al contrario con 却

32 MÁS NUMERALES

En el primer volumen vimos como contar del 1 al 99 . También expusimos los dos caracteres existentes para expresar el número dos, 二 y 两 y cuando se utiliza cada uno.

è r yu è
二月
Febrero

l i ǎ ng g è yu è
两个月
Dos meses

Contenidos relacionados

3 Numerales
3.1 Contando del 1 al 99
3.2 Diferencias de uso entre 两 *y* 二

Dedicamos también un punto para expresar números de teléfono y cantidades monetarias.

zh è ge x ī gu ā sh í **yu á n l í ng** w ǔ **j i ǎ o**
这个西瓜十元零五角。

zh è ge x ī gu ā sh í **ku à i l í ng** w ǔ **m á o**
这个西瓜十块零五毛。

Esta sandía cuesta 10.50 元

p ú t á o y ì j ī n s ì sh í **yu á n l í ng b ā j i ǎ o**
葡萄一斤四十元零八角

。

p ú t á o y ì j ī n s ì sh í **ku à i l í ng b ā m á o**
葡萄一斤四十块零八毛

。

Las uvas van a **40,80** 块 el medio kilo.

Contenidos relacionados

3.3 Dando números de teléfono
3.4 Expresando cantidades monetarias

En este volumen vamos a ampliar nuestra capacidad para contar hasta cantidades más elevadas.

Contenidos relacionados

32.1 Contando del 100 al 10000

Veremos también los números **ordinales**, **decimales**, como expresar **fracciones** y **porcentajes**. Dedicamos un punto gramatical a los **descuentos**, ya que la manera de expresarlos difiere ligeramente a como estos se expresan en español.

dì yī
第一
Primero

sānfēnzhī èr
三分之二
Dos tercios

bǎifēnzhī qī shí wǔ
百分之七十五
75%

língdiǎnwǔ
零点五
0.5

zhé
8折
20% de descuento

Contenidos relacionados
—————————————

Encontrará también puntos gramaticales dedicados a como expresar **múltiplos** de cantidades y al uso de 上 delante de ciertos numerales para indicar que algo supera cierta aproximación numérica:

xī ān yǒu **shàng qiān** nián de lì shǐ

西安有 上 千 年的历史。

Xi'an tiene una historia de miles de años

jīn tiān de jià gé shì zuó tiān de liǎng **bèi**

今天的价格是昨天的 两 倍。

El precio de hoy es el doble que el de ayer.

Contenidos relacionados

32.7 Expresando múltiplos y número de veces con 倍

32.7.1 倍 en estructuras comparativas

32.8 Expresando más de cien, más de mil... con 上百, 上千, 上万

32.9 Números que se utilizan en frases y expresiones

32.1 CONTANDO DEL 100 AL 10000

El sistema numérico chino es un sistema de base 10, pero su sistema posicional es diferente al sistema de números arábigos. Como ya sabe el chino tiene caracteres para representar números del 0 al 9 y otros caracteres para representar números más grandes como 10, 100, 1000, 10000, etc. pero carece de algunos como 100.000 o 1.000.000. Eso hace que para enunciar ciertos números deba agrupar las cifras de otro modo al que está acostumbrado.

En la siguiente tabla puede encontrar las representaciones existentes. En la primera fila de la tabla anterior se muestran el número de ceros que sigue a uno (la potencia de diez) que representa el carácter indicado en la segunda fila.

12	11	10	9	8	7	6	5	4	3	2	1	0
zhào				yì				wàn	qiān	bǎi	shí	yì
兆				亿				万	千	百	十	一

Así, 万 indica 10.000 o diez mil.

qiān
千
1.000

wàn
万
10.000

yì
亿
100.000.000

El número cero debe mencionarse cuando ocurre en medio de un número, por ejemplo:

bā bǎi líng bā
八百零八
808

yì qiān èr bǎi líng sān
一千二百零三
1203

El numero dos puede utilizarse en su forma 二 o 两 con 百. Cuando precede a 千 se prefiere 两 aunque puede variar según la región y no existe un consenso muy claro.

yì qiān liǎng bǎi èr shí
一千两百二十
1220

sān wàn sān qiān liǎng bǎi yī shí wǔ
三万三千两百一十五
33.215

liǎng qiān wǔ bǎi liù shí jiǔ
两千五百六十九
2569

sì wàn wǔ qiān líng qī shí bā
四万五千零七十八
45.078

liǎng qiān líng liù shí jiǔ
两千零六十九
2069

qī wàn liù qiān liǎng bǎi líng qī
七万六千两百零七
76.207

Observe que no existe carácter especifico que represente al **millón**. Se utiliza 百万. De modo que 3.000.000 se denominan como 300 x 10.000

zhè zuò fáng zǐ de jià gé yào sān bǎi wàn kuài qián
这座房子的价格要三百万块钱。
Esta casa cuesta tres millones.

sì qiān wàn
四千万
400.000.000

sì qiān wǔ bǎi wàn
四千五百万
45.000.000

sì qiān wǔ bǎi qī shí
四千五百七十
wàn
万
45.700.000

Tendrá que trabajar un poco en ello para descubrir el patrón que subyace en ello. Tenga en cuenta que aunque cuando se presentan grandes cifras en chino también aparecen agrupadas por ceros de tres en tres, cuando estas se pronuncian deberá agruparlas **de cuatro en cuatro empezando por atrás**.

Observe como aquí los 0 en la posición consecutivos se reducen a uno:

12	11	10	9	8	7	6	5	4	3	2	1	0
zhào 兆				yì 亿				wàn 万	qiān 千	bǎi 百	shí 十	yì 一
								3	3	5	0	0	6

sānshísānwànwǔ qiānlíngliù
三十三万五千零六
33.5006

12	11	10	9	8	7	6	5	4	3	2	1	0
zhào 兆				yì 亿				wàn 万	qiān 千	bǎi 百	shí 十	yì 一
				5	0	7	8	0	4	6	3

wǔ qiānlíngqī shí bā wànsì bǎiliùshísān
五千零七十八万四百六十三
5078.0463

El ultimo cero no lo decimos tal y como haríamos si formásemos únicamente la cifra 463.

Vemos otro ejemplo

12	11	10	9	8	7	6	5	4	3	2	1	0
zhào 兆				yì 亿				wàn 万	qiān 千	bǎi 百	shí 十	yī 一
		3	3	5	0	0	6	2	3	8	0	0

sān bǎi sān shí wǔ **yì** liù shí **liǎng wàn sān qiān** bā bǎi
三百三十五亿六十 **两 万三千** 八百
33500623800

liǎng wàn sān qiān bā bǎi
两 万三千八百
23800

liǎng yì liù shí qī wàn bā qiān líng èr shí wǔ
两 亿六十七万八千 零二十五
200678025

Para finalizar este punto veamos un ejemplo con el carácter 兆 que representa la potencia más elevada que vamos a presentar aquí:

liǎng bǎi **zhào** sì qiān sān bǎi líng èr **yì** wǔ qiān líng qī shí bā **wàn** sì bǎi liù shí sān
两 百 **兆** 四千三百零二亿五千 零七十八 **万** 四百六十三
200.4302.5078.0463

32.2 FORMANDO NÚMEROS ORDINALES CON 第

La formación de los número ordinales en chino se realiza mediante la adición del carácter 第 delante del número.

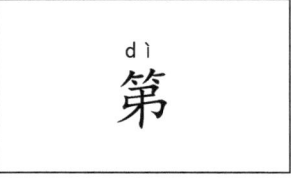

dì yī
第一
Primero

dì èr
第二
Segundo

dì sān
第三
Tercero

yǒuyì dì yī bǐ sài dì èr
友谊第一，比赛第二。
La amistad primero, la competición después.

wǒ kǎoshì kǎo le dì sān míng
我考试考了第三名。
Quedé tercero en los exámenes.

Uso como organizadores de discurso

Al igual que en español puede utilizarlos como elementos organizadores de un discurso para exponer varios argumentos de una manera ordenada.

Puede concluir su exposición utilizando la expresión 最后 que tiene el significado de **finalmente**

shēnqǐng qīnghuá dà xué yǒu sān gè tiáo jiàn **dì yī** chéng jì yào hǎo
申请清华大学有三个条件，**第一**，成绩要好，
dì èr wéi rén zhèng zhí **zuì hòu** yào yǒu yuǎn dà de lǐ xiǎng
第二，为人正直，**最后**，要有远大的理想。

Hay tres requisitos para solicitar el ingreso en la Universidad de Tsinghua: en primer lugar, buenas notas, en segundo lugar, integridad y, por último, aspiraciones ambiciosas.

32.3 FRACCIONES

Las fracciones en chino al igual que en español se expresan como partes de un todo. Tenga en cuenta que al contrario que en español, donde expresamos la fracción con un formato igual al de una división sin realizar, en chino, el denominador, que indica el número de partes en que dividimos el todo, encabeza la estructura y precede a 分之. El numerador, que indica las partes que se toman del todo aparece cerrando la estructura. Tanto numerador como denominador son expresados como números cardinales y no existe necesidad de utilizar números partitivos o fraccionarios como medio, tercio, cuarto ...

sì 四 Cuatro	fēn zhī 分之	sān 三 Tres
Tres cuartos 3/4		
Denominador		*Numerador*

sān fēn zhī yī 三分之一 Un tercio	èr fēn zhī yī 二分之一 Un medio	bā fēn zhī yī 八分之一 Un octavo
wǔ fēn zhī sān 五分之三 Tres quintos	sān fēn zhī èr 三分之二 Dos tercios	bā fēn zhī wǔ 八分之五 Cinco octavos

qiántiān wǒ chī le **sì fēnzhī yì** zhī shāo yā

前天我吃了**四分之一**只烧鸭。

Anteayer me comí un cuarto de pato asado

zhè ge xiàngmù wǒ men yǐ jīng wánchéng le **sān fēnzhī yì** le

这个项目我们已经完成了**三分之一**了。

Ya hemos acabado un tercio de este proyecto.

Vamos a introducir también en este punto gramatical dedicado a las fracciones el carácter 半 que significa **mitad**:

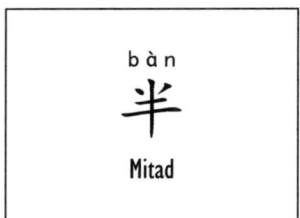

Para expresar la mitad de algo, se sitúa 半 delante del clasificador que corresponde al nombre:

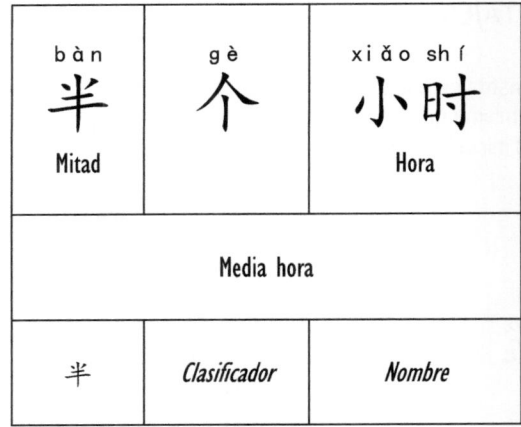

bàn 半 Mitad	gè 个	xiǎoshí 小时 Hora
Media hora		
半	*Clasificador*	*Nombre*

bànwǎnfàn
半碗饭
Medio bol de arroz

bànzhīyā
半只鸭
Medio pato

bànbēishuǐ
半杯水
Medio vaso de agua

Para expresar **una o más cosas y media**, 半 se sitúa inmediatamente después del clasificador que corresponde al nombre:

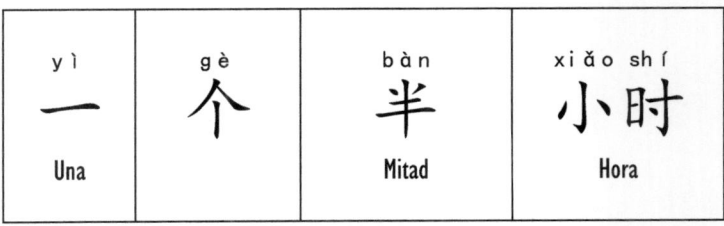

yì 一 Una	gè 个	bàn 半 Mitad	xiǎoshí 小时 Hora

Una hora y media			
Número	*Clasificador*	半	*Nombre*

yì wǎn **bàn** fàn
一碗半饭
Un bol y medio de arroz

yì zhī **bàn** jī
一只半鸡
Un pollo y medio

liǎng bēi **bàn** shuǐ
两杯半水
Dos vasos y medio de agua

32.4 PORCENTAJES

Lo porcentajes se construyen como partes de 100. La expresión que se utiliza para construir los porcentajes es la misma que la utilizada para las fracciones pero indicando las partes de cien, de modo que su inicio siempre es 百:

bǎi fēn zhī shí yī
百分之十一
11%

bǎi fēn zhī liù shí
百分之六十
60%

bǎi fēn zhī èr shí wǔ
百分之二十五
25%

bǎi fēn zhī qī shí wǔ
百分之七十五
75%

bǎi fēn zhī sān shí liù
百分之三十六
36%

bǎi fēn zhī bǎi
百分之百
100%

32.5 DECIMALES

Los decimales se expresan como una serie de dígitos sencillos y ceros después de un **punto decimal**. Para expresar el punto decimal se utiliza ell carácter 点.

diǎn

点

líng**diǎn**sānwǔ
零点三五
0.35

líng**diǎn**wǔ
零点五
0.5

líng**diǎn**èrqī
零点二七
0.27

liù**diǎn**língbā
六点零八
6.08

shísì**diǎn**bālíngbā
十四点八零八
14.808

liùshí**diǎn**wǔliù
六十点五六
60.56

32.6 DESCUENTOS

Los descuentos se expresan como un **porcentaje del precio total** utilizando el carácter 折.

zhé
折

jiǔ zhé
九折
90% del precio original
10% de descuento

qī diǎnwǔ zhé
七点五折
75% del precio original
25% de descuento

zhé
8折
80% del precio original
20% de descuento

zhé
5折
50% del precio original
50% de descuento

bàn zhé
半折
La mitad del precio original
50% de descuento

zhè jiàn yī fú dǎ jiǔ zhé
这件衣服打九折
Este vestido tiene un 10% de descuento

zhè ge bāo dǎ qī diǎnwǔ zhé   xiànzài mǎi hěnhuásuàn
这个包打七点五折，现在买很划算
Esta bolsa tiene un 25% de descuento, así que es una gran oferta.

suīránzhè ge chē dǎ bā zhé   dànshìháishìtàiguì le
虽然这个车打八折，但是还是太贵了
Este coche tiene un 20% de descuento, pero sigue siendo demasiado caro

zhè jiā shāngdiànquánbù shāngpǐndōuwǔ zhé
这家商店全部商品都五折
Todo en esta tienda está al 50% de descuento

Recuerde que 打折 es un **verbo divisible** que tiene el significado de **hacer un descuento**.

dǎ zhé ma
打折吗？

¿Hacen ustedes descuento?

dǎ bù dǎ zhé
打不打折？

¿Hacen ustedes descuento?

yǒuzhé ma
有折吗？

¿Tiene descuento?

dǎ jǐ zhé
打几折？

¿Cuánto descuento tiene?

32.7 EXPRESANDO MÚLTIPLOS Y NÚMERO DE VECES CON 倍

倍 se utiliza para expresar múltiplos y numero de veces en cuanto a cantidad se refiere. Es un clasificador no vinculado, es decir, no va seguido normalmente de ningún nombre.

倍 aparece en oraciones ecuacionales donde se indica cuántas veces más es la cantidad indicada en primer lugar en comparación con la segunda cantidad mencionada, como la presentada a continuación:

shàng gè yuè jī piào jià gé shì　　　 kuài　 zhè ge yuè shì　　 kuài
上个月机票价格是1000块，这个月是500块。

El billete de avión del mes pasado era de 1.000 dólares, el de este mes es de 500 dólares.

shàng gè yuè jī piào jià gé 上个月机票价格 El precio del billete del mes pasado	shì 是 Ser	zhè ge yuè 这个月 Este mes	de 的 Dos.	liǎng 两 	bèi 倍 Veces
La tarifa aérea del mes pasado era el doble de la de este mes.					
Cantidad 1	是	Cantidad 2	Partícula	Número	倍

Al igual que en español estas oraciones se construyen utilizando el verbo 是.

jīntiān de jiàgé shì zuótiān de liǎng**bèi**
今天的价格是昨天的两**倍**。
El precio de hoy es el doble que el de ayer.

tā xiànzài de gōngzī shì liǎngniánqián de sì **bèi**
他现在的工资是两年前的四**倍**。
Su salario actual es cuatro veces superior al de hace dos años.

jīnnián de xuéshēngshì qùnián de sān**bèi**
今年的学生是去年的三**倍**。
Los estudiantes de este año son tres veces más que los del año pasado.

En este tipo de oraciones sujeto y predicado se pueden invertir fácilmente:

èr de wǔ**bèi**shì shí
二的五**倍**是十。
Dos por cinco son diez.

èr de sì**bèi**shì bā
二的四**倍**是八。
Dos por cuatro son ocho.

shí shì wǔ de liǎng**bèi**
十是五的两**倍**。
Diez es el doble de cinco

bā shì sì de liǎng**bèi**
八是四的两**倍**。
Ocho es el doble de cuatro.

Las tablas de multiplicar

Para enunciar las tablas de multiplicar se utiliza 得

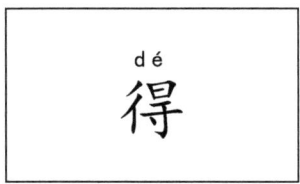

dé
得

èr wǔ **dé** shí
二五得十

Dos por cinco diez.

èr sì **dé** bā
二四得八。

Dos por cuatro ocho.

Si el número se repite, 得 se omite

sì sì shí liù
四四十六

Cuatro por cuatro dieciséis

liù liù sān shí liù
六六三十六

Seis por seis treinta y seis

32.7.1 倍 EN ESTRUCTURAS COMPARATIVAS

En las estructuras comparativas con 比 también es posible expresar el resultado de la comparación utilizando 倍. En este caso se indica el número de veces que un objeto es cierta cualidad mayor que otro. En su expresión más simple se utiliza el adjetivo 多 para indicar dos veces más , tres veces más. Como verá, también es posible formar construcciones con otros adjetivos como 大, o 快 resultando en expresiones del tipo dos veces grande o tres veces más rápido.

Sin embargo existe una diferencia fundamental con el español. Para el siguiente ejemplo vamos a considerar que la población de China es de 1500 millones de habitantes y que la población de Europa es de 500 millones. Con la estructura vista en el punto anterior se podría expresar del siguiente modo

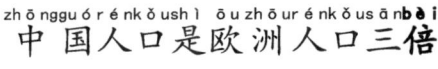

zhōngguó rénkǒu shì ōuzhōu rénkǒu sānbèi
中国人口是欧洲人口三倍

La población de China es tres veces la de Europa

Observe ahora el cambio que se introduce al utilizar 多 en la estructura comparativa.

zhōngguó 中国 rénkǒu 人口 La población de China	bǐ 比	ōuzhōu rénkǒu 欧洲人口 La población de Europa	duō 多 Más	liǎng 两 Dos	bèi 倍 Vez / Veces
La población de China es tres veces la de Europa					
Objeto 1	*Partícula Comparativa*	*Objeto 2*	*Adjetivo*	*Número*	倍

En este caso el triple de la cantidad original se expresa como 多两倍. Este cambio pasa desapercibido incluso para los hablantes nativos, así que si utiliza esta estructura con cifras importantes asegúrese de confirmar que ambas partes están utilizando el mismo criterio.

Es posible utilizar cualquier otro adjetivo que este relacionado con cantidades como son 大,
贵,高, 长, 快 ... Otras frases donde se usan adjetivos distintos a 多 siguen a continuación.

nǐ yóuyǒng bǐ wǒ yóu de kuài yì **bèi**
你游泳比我游得快一倍。
Nadas el doble de rápido que yo.

tā de fáng zǐ bǐ wǒ de guì liǎng **bèi**
他的房子比我的贵 两 倍。
Su piso es tres veces más caro que el mío.

nǐ de sù dù bǐ wǒ mén kuài liǎng **bèi**
你的速度比我们快 两 倍。
Tu velocidad es tres veces mayor que la nuestra.

No es muy común utilizar adjetivos negativos como pequeño, barato, bajo ... y se prefiere utilizar la forma positiva e intercambiar los dos elementos comparados.

~~你家客厅比我家客厅少一倍~~

wǒ jiā kè tīng bǐ nǐ jiā kè tīng dà yì bèi
我家客厅比你家客厅大一倍。

El salón de mi casa es el doble de grande que el de la tuya.

---

shì bàn gōng bèi
事半功倍

La mitad del trabajo, el doble del efecto
El enfoque correcto ahorra esfuerzo y conduce a mejores resultados

hěn duō shì qíng zhǐ yào zhǎo dào zhèng què de fāng fǎ jiù kě yǐ shì bàn gōng bèi
很多事情只要找到正确的方法就可以事半功倍

Hay muchas cosas que se pueden hacer con la mitad de esfuerzo si se encuentra la manera correcta de hacerlas

---

32.8 EXPRESANDO MÁS DE CIEN, MÁS DE MIL... CON 上百, 上千, 上万

上 puede aparecer delante de ciertas cantidades numéricas para indicar que algo excede esa cantidad

xī ān yǒu **shàng qiān** nián de lì shǐ
西安有**上千**年的历史。
Xi'an tiene una historia de miles de años.

shàng bǎi rén cānjiā le zhè cì jí huì
上百人参加了这次集会。
Cientos de personas asistieron a la manifestación.

měi nián dōu yǒu chéng qiān **shàng wàn** rén lái wàitān kuà nián
每年都有成千**上万**人来外滩跨年。
Miles de personas acuden cada año al Bund para celebrar la Nochevieja.

yīn wéi yì qíng **shàng bǎi** gè hángbān bèi qǔ xiāo le
因为疫情，**上百**个航班被取消了。
Cientos de vuelos fueron cancelados a causa del brote epidémico.

zhè ge tóng qì yǒu **shàng qiān** nián de lì shǐ
这个铜器有**上千**年的历史。
Este bronce tiene miles de años.

kē xué jiā de měi ge shì yàn dōu yào zuò **shàng wàn** cì
科学家的每个试验都要做**上万**次。
Los científicos realizan cada experimento decenas de miles de veces.

Contenidos relacionados

33.2.6 Expresando si algo es superior a cierta cantidad con 多

32.9 NÚMEROS QUE SE UTILIZAN EN FRASES Y EXPRESIONES

Algunas expresiones idiomáticas en chino utilizan números, especialmente números consecutivos.

yī qīng èr chǔ
一清二楚
Perfectamente claro.

zhāng sān lǐ sì
张三李四
Fulanito y Menganita

---

bù sān bú sì
不三不四
Cuestionable

mā mā gào sù wǒ bú yào hé **bù sān bú sì** de rén lái wǎng
妈妈告诉我不要和**不三不四**的人来往
Mi madre me dijo que no me junte con la gente equivocada

---

wǔ yán liù sè
五颜六色
En todos los colores

luàn qī bā zāo
乱七八糟
Un lío/algo que está desorganizado

qī shàng bā xià
七上八下
Agitado / Inestable mentalmente

Otras expresiones idiomáticas que utilizan números aunque en este caso no consecutivos son:

sān xīn èr yì
三心二意
Tres corazones y dos mentes

yī xīn yī yì
一心一意
Un corazón, una mente

shí quán shí měi
十全十美
Todo lo mejor

33 APROXIMACIONES Y CANTIDADES INDEFINIDAS

33.1 APROXIMACIONES

33.1.1 EXPRESANDO NÚMEROS DE MANERA APROXIMADA CON 几

Ya en el primer volumen aprendimos a utilizar 几 para preguntar por **cuantos** cuando se conoce o supone previamente que la respuesta va a ser un número pequeño. En el siguiente punto gramatical se expondrá como utilizarlo para expresar el significado de **algunos** o **varios**. Aprenderá que la frase anterior puede resultar ambigua en determinados contextos.

chē shàng yǒu jǐ gè rén
车 上 有 几 个 人

¿Cuántas personas hay en el coche?

chē shàng yǒu jǐ gè rén
车 上 有 几 个 人

Hay varias personas en el coche

Contenidos relacionados

9.3.9 Preguntando cuántos con 几
33.2.1 Expresando algunos con 几

Además existen otros usos de 几.

Cuando 几 va seguido de números de dos cifras en adelante diez, doce, veinte, cien, mil...se traduce como **decenas, docenas, centenas, millares**... con el sentido figurado de **gran cantidad**.

tā shū bāo lǐ jǐ shí zhī bǐ
他 书 包 里 几 十 支 笔。

Hay docenas de plumas en su cartera.

wǒ yǐ jīng gào sù nǐ jǐ shí cì le
我 已 经 告 诉 你 几 十 次 了。

Te lo he dicho decenas de veces.

Observe el cambio de significado que se produce al alterar el orden de 几 y 十 en las siguientes estructuras:

shí jǐ gè rén
十几个人
Una decena de personas

jǐ shí gè rén
几十个人
Decenas de personas

Al igual que 多 puede ser utilizado para expresar si algo es superior a cierta cantidad:

bā shí duō gè rén
八十多个人
Más de ochenta personas

bā shí jǐ gè rén
八十几个人
Más de ochenta personas

Contenidos relacionados

33.2.6 Expresando si algo es superior a cierta cantidad con 多

33.1.2 EXPRESANDO NÚMEROS DE MANERA APROXIMADA CON 左右

左右 también expresa el concepto de **aproximadamente** pero a diferencia de otras expresiones similares, únicamente puede ser **usada con cifras**.

La posición que ocupa 左右 en la oración siempre va ligada a la del número que aproxima. Si el número a aproximar aparece al final de la oración, 左右 se sitúa también al final de la oración, **siempre tras el número**.

wǒ men gōng sī yǒu wǔ bǎi rén **zuǒ yòu**
我们公司有五百人**左右**。
Nuestra empresa tiene aproximadamente unos 500 empleados.

zhōu mò wǒ yì bān shí diǎn **zuǒ yòu** qǐ chuáng
周末我一般十点**左右**起床。
El fin de semana me levanto más o menos a las diez normalmente.

tā **zuǒ yòu** yǒu sì shí suì
他**左右**有四十岁。
Debe tener unos cuarenta años.

wǒ xū yào wǔ fēn zhōng **zuǒ yòu** zuò zhǔn bèi
我需要五分钟**左右**做准备。
Necesito cinco minutos mas o menos para prepararme.

Otros usos de 左 y 右

Recuerde que los caracteres 左 y 右 son los utilizados para designar **izquierda** y **derecha** respectivamente.

zuǒ biān hé **yòu** biān
左边和**右**边
Izquierda y derecha

zàizhèzhāngzhàopiànlǐ　lǐnǎinǎi de **zuǒyòu**zhànzhe tā yí gè réndàidà de
在这张 照片里，李奶奶的**左右**站着她一个人带大的4
gèháizi　háiyǒutā men de háizi
个孩子，还有他们的孩子。

En esta foto, a la izquierda y a la derecha de la abuela Li están los cuatro hijos que crió sola, junto con sus hijos.

Contenidos relacionados

13.1.3 Precisando la posición relativa a otros objetos

zuǒ yòu féng yuán
左右逢源
Golpear el agua a derecha e izquierda

hěnduōrénwèi le qiáncáidōu**zuǒyòuféngyuán**
很多人为了钱财都**左右逢源**
Mucha gente por dinero es capaz de llevarse bien con todo el mundo

zuǒ yòu kāi gōng
左右开弓
Disparar desde ambos lados

tā **zuǒyòukāigōng** de huí jī gōngjī tā de rén
他**左右开弓**地回击攻击他的人。
Atacó a sus agresores con ambas manos.

Otras expresiones parecidas

Una expresión parecida que se utiliza en algunos casos es 上下 constituida en este caso por los caracteres arriba y abajo

shàng xià
上下
Más o menos

tā de shēngāo **dà yuē** zài yì mǐ bā **shàngxià**
他的身高**大约**在一米八**上下**

Mide alrededor de un metro ocho más o menos.

zhè zhǐ gǒu de tǐ zhòng zài èr shí jīn **shàngxià**
这只狗的体重在二十斤**上下**

El perro pesa alrededor de 10 kilos.

33.1.3 EXPRESANDO NÚMEROS DE MANERA APROXIMADA POR PARES

Dos números consecutivos que se encuentran seguidos funcionan como una aproximación.

yī liǎng gè rén
一 两 个人
Una o dos personas

liǎng sān cì
两 三 次
Tres o cuatro veces

qī bā běn shū
七八本书
Siete u ocho libros

zhè ge cí wǒ men xué guò liǎng sān cì le
这个词我们学过两三次了。
Hemos estudiado esta palabra dos o tres veces.

wǒ yǐ jīng qù guò zhōng guó wǔ liù cì le
我已经去过中国五六次了
He ido a China cinco o seis veces

También es posible encontrar dos números consecutivos delante de números más grandes que diez para aproximar por decenas, centenas, millares ...

zhè jǐ běn shū huā le wǒ liǎng sān bǎi kuài
这几本书花了我两三百块。
Estos libros me han costado entre doscientos y trescientos yuan.

zhè zuò fáng zǐ de jià gé yào sān sì bǎi wàn kuài qián
这座房子的价格要三四百万块钱。
Esta casa cuesta entre tres y cuatro millones

wǒ men gōng sī yǒu wǔ liù bǎi gōng rén
我们公司有五六百工人
Nuestra empresa tiene entre quinientos y seiscientos trabajadores.

Contenidos relacionados

32.1 Contando del 100 al 10000

zhè zuò fáng zǐ de jià gé zài sān bǎi wàn dào sì bǎi wàn zhī jiān
这座房子的价格在三百万到四百万之间
Esta casa tiene un precio de entre tres y cuatro millones

Contenidos relacionados

47.18 Expresando entre con 之间

33.1.4 DIFERENCIAS DE USO ENTRE 差不多 Y 几乎

Aunque en algunas oraciones su uso es equivalente 差不多 y 几乎 se suelen confundir muy a menudo. 几乎 solo tiene el significado de **casi** y no el de aproximadamente. Mientras que 差不多 puede expresar **casi** o **aproximadamente**.

chā bu duō
差不多
Casi
Aproximadamente

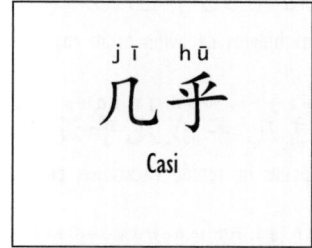

jī hū
几乎
Casi

差不多 no puede preceder a un verbo. 几乎, sin embargo, si puede precederlo. En este caso indica que **algo ha estado o está punto de ocurrir pero no ha ocurrido todavía** y se traduce por **casi**.

~~我差不多忘了告诉你。~~
wǒ jī hū wàng le gàosù nǐ
我**几乎**忘了告诉你。
Casi se me olvida decírtelo.

~~我们差不多错过了火车。~~
wǒ men jī hū cuòguò le huǒchē
我们**几乎**错过了火车。
Casi perdemos el tren.

nǐ jī hū cānjiā bù liǎobì yè kǎoshì
你**几乎**参加不了毕业考试。
Casi no pudiste hacer los exámenes de graduación.

zhè ér de cài　　wǒ jī hū dōuchī guò
这儿的菜，我**几乎**都吃过。
He comido casi toda la comida de aquí.

zhè érhěn ānjìng　jī hū méiyǒurénshuō huà
这儿很安静，**几乎**没有人说话
Esto es muy tranquilo, casi nadie habla.

wǒ men **jī hū** cuò guò le huǒ chē
我们**几乎**错过了火车。
Casi perdemos el tren.

jī piào **jī hū** yǐ jīng mài wán le
机票**几乎**已经卖完了。
Los billetes de avión están casi agotados.

zhè jǐ nián wǒ **jī hū** méi yǒu xiū jià
这几年我**几乎**没有休假。
Apenas he tenido vacaciones en los últimos años.

wǒ **jī hū** zhǎo bú dào zhèng lǎo shī zhù de dì fāng
我**几乎**找不到郑老师住的地方。
Apenas pude encontrar dónde vivía el Sr. Zheng.

Los usos de 差不多 son algo más extensos y puede preceder a un sustantivo o un sintagma nominal:

tā men **chā bu duō** měi ge zhōu mò dōu qù guàng jiē
她们**差不多**每个周末都去逛街。
Iban de compras casi todos los fines de semana.

Además 差不多 también puede preceder a una cifra

chā bu duō   kuài
差不多1000 块
Aproximadamente 1000 yuanes.
chā bu duō yì bàn ér
差不多一半儿
Aproximadamente la mitad.

差不多 puede situarse detrás de un nombre para indicar **aproximadamente**

mǎ kè   suì   mǎ lì   suì
马克18岁，马丽19岁。
suǒ yǐ   mǎ kè de nián líng hé mǎ lì de nián líng **chā bu duō**
所以，马克的年龄和马丽的年龄**差不多**。
Mark tiene 18 años y Mari 19. Así que la edad de Mark es casi la misma que la de Mari.

Sin embargo, 差不多, como ya hemos comentado al inicio de este punto gramatical, **no puede preceder a un verbo**. Una fórmula parecida a 差不多 que sí puede preceder a un verbo al igual que 几乎 es 差一点儿 o en su forma abreviada 差点儿.

chà   yì   diǎn ér
差一点儿
Casi

wǒ **chà diǎn ér** wàng le gàosù nǐ
我**差点儿**忘了告诉你。
Casi se me olvida decírtelo.

wǒ men **chà diǎn ér** cuòguò le huǒchē
我们**差点儿**错过了火车。
Casi perdemos el tren.

~~今天早上交通很不好，上班差不多迟到了。~~
jīntiān zǎoshàng jiāotōng hěn bù hǎo   shàngbān **jǐ hū** chí dào le
今天早上交通很不好，上班**几乎**迟到了。

jīntiān zǎoshàng jiāotōng hěn bù hǎo   shàngbān **chà diǎn ér** chí dào le
今天早上交通很不好，上班**差点儿**迟到了。

jīntiān zǎoshàng jiāotōng hěn bù hǎo   shàngbān **chà yì diǎn ér** chí dào le
今天早上交通很不好，上班**差一点儿**迟到了。

El tráfico era malo esta mañana y casi llegué tarde al trabajo.

Ambas formas pueden preceder a un adjetivo. Cuando 几乎 o 差不多 preceden a un **adjetivo** se traducen por **casi**. Ambas pueden formar parte del resultado de una comparación o complementar a expresiones que expresan semejanza. Observe las dos distintas posiciones dónde puede situarse 差不多 en algunas de estas estructuras.

érzǐ **chà bu duō** gēnbàbà yíyànggāo
儿子**差不多**跟爸爸一样高。
érzǐ gēnbàbà **chà bu duō** yíyànggāo
儿子跟爸爸**差不多**一样高。
érzǐ gēnbàbà **jī hū** yíyànggāo
儿子跟爸爸**几乎**一样高。

El hijo es casi tan alto como su padre.

tā de hànyǔ shuō de **chà bu duō** gēnzhōngguórényíyànghǎo
他的汉语说得**差不多**跟中国人一样好。
tā de hànyǔ shuō de gēnzhōngguórén**chà bu duō** yíyànghǎo
他的汉语说得跟中国人**差不多**一样好。
tā de hànyǔ shuō de **jī hū** gēnzhōngguórényíyànghǎo
他的汉语说得**几乎**跟中国人一样好。

Habla chino casi tan bien como un chino.

Sin embargo, no es posible emplazar 差不多 delante de la preposición si no se especifica completamente en en el primer objeto el ámbito en el que se parecen los dos objetos comparados o si este no queda definido con un adjetivo detrás de 一样.

~~陕西差不多和宁夏的饮食习惯一样。~~
shǎnxī de yǐnshí xí guàn**chà bu duō** héníngxià yíyàng
陕西的饮食习惯**差不多**和宁夏一样。
shǎnxī hénígxià de yǐnshí xí guàn**jī hū** yíyàng
陕西和宁夏的饮食习惯**几乎**一样。
shǎnxī hénígxià de yǐnshí xí guàn**chà bu duō** yíyàng
陕西和宁夏的饮食习惯**差不多**一样。

Shaanxi y Ningxia tienen hábitos alimenticios casi idénticos

shǎnxī rén**chà bu duō** hénígxiàrényíyàngrèqíng
陕西人**差不多**和宁夏人一样热情。
shǎnxī rénhénígxiàrén**chà bu duō** yíyàngrèqíng
陕西人和宁夏人**差不多**一样热情。
shǎnxī rénhénígxiàrén**jī hū** yíyàngrèqíng
陕西人和宁夏人**几乎**一样热情。

Los habitantes de Shaanxi son casi tan acogedores como los de Ningxia

Tenga en cuenta que no es posible ajustar el grado de diferencia o semejanza, así 差不多 no puede ir precedido de ningún adverbio de grado y resulta incorrecta la siguiente estructura:

~~很差不多~~

wǒ kàn nǐ de suì shu gēn wǒ de **chā bu duō**
我看你的岁数跟我的**差不多**

Veo que tu edad es similar a la mía.

Recuerde que como vimos en un punto anterior dedicado a las estructuras comparativas cuando actúan como adverbio modificando el grado de equivalencia ambos son equivalentes:

nǐ men de fà xíng **chā bu duō yí yàng**
你们的发型**差不多一样**

a
啊。

Vuestro peinado es casi igual.

nǐ men de fà xíng **jī hū yí yàng** a
你们的发型**几乎一样**啊

。

Vuestro peinado es casi igual.

Contenidos relacionados

20.2 Expresando equivalencia o similitud con 一样

En oraciones que tienen una estructura tema - comentario, donde se inicia la oración citando el tema y luego se hace referencia a el comentario se pueden utilizar ambas expresiones indistintamente si 都 precede al verbo.

zhè ér de cài   wǒ **jī hū dōu ch ī** guò
这儿的菜，我**几乎都吃**过。

Los platos de aquí, casi los he probado todos.

huá shān de sì miào wǒ **chā bu duō dōu cā nguān** le
华山的寺庙我**差不多都参观**了。

He visitado casi todos los templos del monte Hua.

cóng rè dài dào hán dài gè zhǒng qì hòu zhōng guó **chā bu duō dōu yǒu**
从热带到寒带各种气候中国**差不多都有**。

China tiene casi todos los tipos de clima.

Contenidos relacionados

15.2 La estructura tema-comentario

33.1.5 Expresando aproximadamente con 大约

大约, o su forma abreviada 约 puede también utilizare para aproximar una cantidad numérica. 大约 es más común en el lenguaje escrito.

dà yuē
大约
Aproximadamente

大约 se utiliza normalmente como adjetivo o adverbio en frases como:

dà yuē yǒush í yǒuyì si de běnshū
大约有十有意思的本书。
Hay unos diez libros interesantes.

zhè suǒ zhōngxué dà yuē yǒu wèi lǎoshī
这所中学大约有25位老师
Hay unos 25 profesores en esta escuela secundaria.

tā dà yuē yǒusì shí duō suì
他大约有四十多岁。
Tiene unos cuarenta años.

tā dà yuē yàoliǎng gè xiǎoshí cái dào jī chǎng
她大约要两个小时才到机场。
Ella tardó unas dos horas en llegar al aeropuerto.

大约 puede aparecer combinado formando las siguientes estructuras: 大约……上下, 大约……左右 y 大约……前后 para estimar una cantidad

tā de shēn gāo **dà yuē** yì mǐ bā **shàngxià**
他的身高**大约**一米八**上下**。
Mide alrededor de un metro ocho más o menos.

zhè běn shū **dà yuē** yuán **zuǒyòu**
这本书**大约**300元**左右**。
El libro cuesta unos 300 yuanes.

大约 también puede ser usado con el significado de **probablemente**:

tā **dà yuē** shì dào chē jiān qù le
他**大约**是到车间去了。
Probablemente ha ido al taller.

wǒ **dà yuē** shí diǎn zhī qián jiù dào gōng sī le
我**大约**十点之前就到公司了
Probablemente llegaré a la oficina antes de las diez.

33.1.6 EXPRESANDO APROXIMADAMENTE CON 大概

Al igual que con 差不多 y con 左右, es posible utilizar 大概 para **estimar cantidades numéricas**. En este caso 大概 precede al número aproximado.

dà gài
大概
Aproximadamente

zhè ge diànnǎo **dàgài** yuán
这个电脑**大概**4000元
Este ordenador cuesta unos 4.000 dólares

zhè tiáo yú **dàgài** yì bǎi kuài qián
这条鱼**大概**一百块钱
Este pescado cuesta unos 100 yuanes.

wǒ **dàgài** shí diǎn jiù dào huǒ chē zhàn le
我**大概**十点就到火车站了
Estaré en la estación de tren sobre las 10 en punto

zhè běn shū měi zhāng **dàgài** wǔ shí yè
这本书每章 **大概**五十页。
El libro tiene unas cincuenta páginas por capítulo.

shì **dàgài** shí fēn zhōng qián
是**大概**十分钟前
Fue hace unos diez minutos

tā **dàgài** suì
他**大概**45岁。
Tiene unos 45 años.

Como **adjetivo** y con el significado de **aproximado** o **ligero** 大概 puede complementar a un nombre.

dà gài de yì si
大概的意思
Significado aproximado

dà gài de xiǎng fǎ
大概的 想 法
Una idea aproximada
Una ligera idea

dà gài de nèi róng
大概的内容
Contenido aproximado

tā shuō de **dà gài de yì si** shì wǒ mén yào rèn zhēn xué xí
他说的**大概的意思**是我们要认真学习
Lo que está diciendo más o menos es que tenemos que estudiar atentamente.

wǒ gěi nǐ mén jiě shì yí xià wǒ **dà gài de xiǎng fǎ**
我给你们解释一下我**大概的 想 法**
Permítame darle una idea aproximada.

qǐng nǐ gēn wǒ shuō yí xià zhè ge wén jiàn **dà gài de nèi róng**
请你跟我说一下这个文件**大概的内容**
Por favor, indíqueme el contenido general de este documento.

En ocasiones puede ser usado como **nombre**

duì zhè jiàn shì wǒ zhǐ zhī dào **gè dàgài**
对这件事我只知道**个大概**。
Sólo tengo una idea general sobre este asunto.

duì zhè ge rén wǒ zhǐ liǎo jiě **gè dàgài**
对这个人我只了解**个大概**。
Sólo se un poco sobre esta persona.

大概 también puede tener el significado de **probablemente**. Este uso será analizado en otro punto gramatical por no ser un uso especifico para aproximar cantidades numéricas. Le avanzamos ya que 大概 puede usarse para hacer un juicio, una estimación o una inferencia, especialmente cuando el hablante está seguro de la estimación.

tā **dàgài** bú huì lái le
她**大概**不会来了。
Probablemente no venga.

wǒ cāi tā **dàgài** xué xí le   nián le
我猜他**大概**学习了10年了
Supongo que ha estado estudiando durante unos 10 años.

wǒ **dàgài** shí diǎn zhī qián jiù dào huǒ chē zhàn le
我**大概**十点之前就到火车站了
Probablemente llegaré antes de las 10 a la estación de tren.

Contenidos relacionados

40.6 Expresando probablemente con 大概 y quizá con 也许

33.2 Utilizando indefinidos cuando que se desconoce la cantidad exacta de lo nombrado

En los siguientes puntos gramaticales veremos como utilizar algunos indefinidos como alguno, pocos, muchos, bastantes o ciertos y ciertas expresiones que se pueden usar cuando se desconoce la cantidad exacta de lo nombrado.

wǒ měi tiān dōu yào hē **jǐ bēi kā fēi**

我每天都要喝**几杯咖啡**

Tomo unas cuantas tazas de café al día.

Contenidos relacionados _____

33.2.1 Expresando algunos con 几

qǐng gěi wǒ **yī xiē** shí jiān   wǒ yào rèn zhēn sī kǎo yí xià

请给我**一些**时间，我要认真思考一下

Por favor, dame algo de tiempo, necesito pensarlo bien.

Contenidos relacionados _____

33.2.2 Expresando algunos con 一些

zhè yì cǎn àn fā shēng zài yuè de **mǒu** yì tiān

这一惨案发生在9月的**某**一天。

La tragedia tuvo lugar cierto día de septiembre.

Contenidos relacionados _____

33.2.3 Expresando cierto, ciertos, algunos con 某

wǒ qù guò **xǔ duō** dì fāng

我去过**许多**地方

He estado en muchos lugares.

Contenidos relacionados _____

33.2.4 Expresando muchos con 许多

zhè tiáo yú hái **bú dào** yì jīn zhòng　　wǒ men bié mǎi le

这条鱼还**不到**一斤重，我们别买了。

Este pescado pesa menos de medio kilo, no lo compremos.

Contenidos relacionados ⎯⎯⎯⎯⎯⎯⎯

33.2.5 Expresando si cierta cantidad ha sido alcanzada con 到

wǒ men zǒu le **sān gè duō** xiǎo shí

我们走了**三个多**小时。

Caminamos durante más de tres horas.

Contenidos relacionados ⎯⎯⎯⎯⎯⎯⎯

33.2.6 Expresando si algo es superior a cierta cantidad con 多

nǐ xīn jiā lí gōng sī **duō me** jìn　　nǐ zěn me měi tiān dōu chí dào le

你新家离公司**多么**近，你怎么每天都迟到了。

Lo cerca que está tu nueva casa del trabajo y cómo llegas tarde todos los días.

Contenidos relacionados ⎯⎯⎯⎯⎯⎯⎯

33.2.7 Expresando una cantidad indefinida con 多么

wǒ gào sù nǐ de mì mì gēn **rèn hé rén** dōu bú yào shuō

我告诉你的秘密跟**任何人**都不要说。

No le digas a nadie el secreto que te conté.

Contenidos relacionados ⎯⎯⎯⎯⎯⎯⎯

33.2.8 Expresando cualquiera, en cualquier momento con 任何, 任何时候

33.2.1 EXPRESANDO ALGUNOS CON 几

Cuando 几 aparece delante de un clasificador y un nombre puede tener el significado de **algunos**.

几	本	书
Algunos		**Libros**
Algunos libros		
几	*Clasificador*	*Nombre*

zhuō zǐ shàngyǒu **jǐ běnshū**
桌子上有**几本书**。
Hay algunos libros sobre la mesa.

wǒ měitiāndōuyàohē **jǐ bēikā fēi**
我每天都要喝**几杯咖啡**
Tomo unas cuantas tazas de café al día.

chīwánfànhòu   yǒu**jǐ gè péngyǒu**zàiwǒ jiā liúxià dǎ yóuxì
吃完饭后，有**几个朋友**在我家留下打游戏。
Después de la cena, algunos amigos se quedaron en mi casa a jugar.

Entre clasificador y nombre pueden aparecer otros complementos de nombre sin afectar al significado de 几:

wǒ yǒu**jǐ gè** hánguó**tóngxué**
我有**几个**韩国**同学**。
Tengo algunos compañeros de clase coreanos.

tā yǒu**jǐ běn**zhōngwén**zá zhì**
他有**几本**中文杂志。
Tiene varias revistas chinas.

zhè lǐ yǒu **jǐ jiā** bú cuò de **tú shū guǎn**
这里有几家不错的**图书馆**。

Hay algunas bibliotecas que no están nada mal.

shànghǎi yǒu **jǐ jiā** hěn zhèng zōng de **xī cān**
上海有**几家**很正宗的**西餐**

Hay varios restaurantes occidentales muy auténticos en Shanghai

好几 seguido de un clasificador también puede expresar la noción de **bastante** o **varios**. Puede utilizarlo para pequeñas cantidades, normalmente entre cinco y diez.

hǎo jǐ

好几

Unos pocos
Bastantes

wǒ men yǐ jīng jié hūn **hǎo jǐ** gè yuè le
我们已经结婚**好几**个月了。

Llevamos varios meses casados.

tā dú le **hǎo jǐ** biàn
他读了**好几**遍。

Lo ha leído varias veces.

wǒ men bān shàng yě yǒu **hǎo jǐ** gè hěn cōng míng de yìn dù rén
我们班上也有**好几**个很聪明的印度人。

También teníamos bastantes indios muy brillantes en nuestra clase.

Contenidos relacionados

9.3.9 Preguntando cuántos con 几

33.2.2 EXPRESANDO ALGUNOS CON 一些

Ya apareció previamente un comentario sobre 一些 donde se comento que, junto a 一点儿 se puede usar como **cuantificador de un nombre** que haga referencia a objetos tangibles con el significado de **algo de**. Según contexto podemos traducirlo por algunos o algunas.

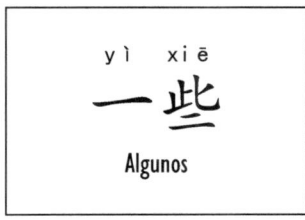

xiǎomǐngāngrènshi le **yì xiē** xīnrén
小敏刚认识了**一些**新人。
Xiao Ming acaba de conocer a gente nueva.

wǒ menměitiāndōuyàochī **yì xiē** shuǐguǒ
我们每天都要吃**一些**水果
Hay que comer algo de fruta todos los días.

qǐnggěiwǒ **yì xiē** shíjiān   wǒ yàorènzhēnsī kǎoyíxià
请给我**一些**时间，我要认真思考一下
Por favor, dame algo de tiempo, necesito pensarlo bien.

zuó tiān péng yǒu jiào wǒ zuò le **yì xiē** miàn bāo
昨 天 朋 友 教 我 做 了 **一 些** 面 包 ，
wǒ dǎ suànná huí jiāgěimā mā chángcháng
我打算拿回家给妈妈尝尝。
Ayer una amiga me enseñó a hacer pan y me lo iba a llevar a casa para que mi madre lo probara.

Ya apareció previamente un comentario sobre 一些 donde se comento que, junto a 一点儿 se puede usar como **cuantificador de un nombre** que haga referencia a objetos tangibles con el significado de **algo de**. Según contexto podemos traducirlo por algunos o algunas

Contenidos relacionados

7.10.3 Diferencias de uso entre 一点儿 y 有一点儿

33.2.3 EXPRESANDO CIERTO, CIERTOS, ALGUNOS CON 某

Cuando 某 se usa delante de 一 o 几 o un clasificador adquiere el significado de **cierto**, ciertos ... y hace referencia a una persona u objeto no especificado.

tā zhù zài fù jìn **mǒu** chù
他住在附近某处。
Vive en algún lugar cercano.

tán yì tán nǐ de **mǒu** yì ruò diǎn ba
谈一谈你的某一弱点吧。
Describa alguno de sus puntos débiles.

zhè yì cǎn àn fā shēng zài yuè de **mǒu** yì tiān
这一惨案发生在9月的某一天。
La tragedia tuvo lugar cierto día de septiembre.

wǒ xiāng xìn zài **mǒu** yì tiān wǒ huì yù dào wǒ shēn ài de rén
我相信在某一天我会遇到我深爱的人
Creo que un día conoceré al hombre que tanto amo.

xīn xué yuán jiāng yú xià zhōu **mǒu** shí lái xiào
新学员将于下周某时来校。
Los nuevos estudiantes llegarán a nuestra escuela en algún momento de la próxima semana.

tā zǒng zài **mǒu** xiē shí hòu mò míng qí miào de shēng qì
他总在某些时候莫名其妙的生气
Siempre estaba enfadado en algún momento sin razón aparente.

Incluso se utiliza para no exponer, por ejemplo en las noticias, nombre de alguien públicamente:

xīn wén shàng shuō lǐ **mǒu** qiǎng jié yín háng yǐ hòu táo pǎo le
新闻上说，李某抢劫银行以后逃跑了
Las noticias decían que Li había escapado después de robar un banco.

33.2.4 EXPRESANDO MUCHOS CON 许多

许多 es un adjetivo que indica la noción de numeroso, abundante o intenso y que podemos traducir por **mucho** o **muchos**. Ya conocemos 很多 como otro modo de indicar grandes cantidades. Sin embargo existen ciertas diferencias en su uso. 许多 es más formal que 很多, y se utiliza más a menudo en el lenguaje escrito, mientras que 很多 se utiliza a menudo en el lenguaje oral. Además, otra diferencia substancial es que 许多 es un adjetivo, mientras que 很多 puede ser adjetivo o adverbio.

xǔ duō
许多
Mucho / Muchos

Así, 很多 y 许多 son intercambiables cuando se usan como **adjetivo** como en las siguientes oraciones:

tā měitiāndōuchī **xǔduō** shíwù   kěháishì bù pàng
他每天都吃**许多**食物，可还是不胖。
tā měitiāndōuchī **hěnduō** shíwù   kěháishì bù pàng
他每天都吃**很多**食物，可还是不胖。
Come mucho todos los días, pero aún así sigue sin engordar.

Sin embargo, cuando 很多 se usa como **adverbio** no puede reemplazarse:

~~他每天都吃得许多，可还是不胖。~~
tā měitiāndōuchī de **hěnduō**   kěháishì bù pàng
他每天都吃得**很多**，可还是不胖。
Come mucho todos los días, pero aún así sigue sin engordar.

Observe que 很多 no es una palabra, sino que esta formada por un adverbio 很 y un adjetivo 多, así que puede separarse mientras que 许多 no. El uso de 很多 es más flexible, y puede funcionar como predicado, atributo o o complemento en una frase. Por ejemplo:

nánjīng lù shàngrén **hěnduō**
南京路上人**很多**
En la calle Nanjing, hay mucha gente.

wǒ qù guò **hěnduō** dì fāng
我去过**很多**地方

He estado en muchos lugares.

yǒuxiērénchī de **hěnduō**　　què bù ài yùndòng
有些人吃得**很多**，却不爱运动

Algunas personas comen mucho, pero no hacen ejercicio.

许多 funciona más como un numeral y sólo puede usarse como en el segundo ejemplo de las frases anteriores, generalmente modificando al nombre:

wǒ qù guò **xǔ duō** dì fāng
我去过**许多**地方

He estado en muchos lugares.

Las siguientes oraciones son incorrectas cuando se forman con 许多:

~~南京路上人许多~~

Mucha gente en Nanjing Road.

~~有些人吃得许多，却不爱运动~~

Algunas personas comen mucho pero no les gusta hacer ejercicio.

De lo enunciado anteriormente podemos concluir que 许多 puede sustituirse siempre por 很多, pero no ocurre lo mismo a la inversa. El uso de 许多 será siempre correcto cuando se sitúe **delante de un nombre**.

nà huǒshānyǐ jīngchénshuì **xǔ duō** nián
那火山已经沉睡**许多**年。

Ese volcán ha estado durmiendo durante muchos años.

xià le **xǔ duō** yǔ　hé mǎ shàngjiùbèiyān le
下了**许多**雨，河马上就被淹了

Llueve mucho y se va a desbordar el río.

xuéshēngzhōng **xǔ duō** rénláizì qí tā guójiā
学生 中**许多**人来自其他国家

Muchos de los estudiantes vienen de otros países.

xǔ duō rén zài shēng huó zhōng lí bù kāi shǒu jī
许多人在生活中离不开手机

Muchas personas no pueden vivir sin sus teléfonos móviles.

wǒ men **xǔ duō** nián méi jiàn miàn le
我们**许多**年没见面了。

Hace muchos años que no nos vemos.

zhè cì　　**xǔ duō** rén dōu lái le
这次，**许多**人都来了。

Esta vez, vino mucha gente.

xǔ duō xiāo fèi zhě dōu bù mǎn yì
许多消费者都不满意。

Muchos consumidores no están satisfechos.

tā zài guó wài jū zhù le **xǔ duō** nián
他在国外居住了**许多**年。

Ha vivido en el extranjero muchos años.

xǔ duō nián yǐ hòu　　nǐ kěn dìng hái huì jì de nǐ gāo kǎo de nà yì tiān
许多年以后，你肯定还会记得你高考的那一天。

Dentro de muchos años, seguro que recordarás el día en que hiciste los exámenes de selectividad.

Por último, comentar que 很多 puede utilizarse sin aparecer acompañado de nada más por ejemplo para responder a una pregunta:

pái duì de rén duō ma
排队的人多吗？

¿Hay mucha gente en la cola?

~~许多。~~

hěn duō
很多。

Mucha

wǒ xiǎng wǒ men néng cóng zhōng xué dào xǔ duō
我 想 我们 能 从 中 学到 许多。

Creo que debemos aprender mucho de ello.

Sin embargo 许多 no puede utilizarse como complemento de grado, expresando por ejemplo el resultado de una comparación.

pīn yīn bǐ hàn zì róng yì xǔ duō
拼音比汉字容易许多
pīn yīn bǐ hàn zì róng yì hěn duō
拼音比汉字容易很多
pīn yīn bǐ hàn zì róng yì de duō
拼音比汉字容易得多
pīn yīn bǐ hàn zì róng yì duō le
拼音比汉字容易多了

El pinyin es mucho más fácil que los caracteres chinos.

tā de yī fú bǐ wǒ de piàoliàng **xǔ duō**
她的衣服比我的漂亮**许多**

tā de yī fú bǐ wǒ de piàoliàng **hěn duō**
她的衣服比我的漂亮**很多**

tā de yī fú bǐ wǒ de piàoliàng **de duō**
她的衣服比我的漂亮**得多**

tā de yī fú bǐ wǒ de piàoliàng **duō le**
她的衣服比我的漂亮**多了**

Su vestido es mucho más bonito que el mío.

tā xiànzài bǐ yǐ qián lǚ yóu **xǔ duō**
他现在比以前旅游**许多**

tā xiànzài bǐ yǐ qián lǚ yóu **hěn duō**
他现在比以前旅游**很多**

tā xiànzài bǐ yǐ qián lǚ yóu **de duō**
他现在比以前旅游**得多**

tā xiànzài bǐ yǐ qián lǚ yóu **duō le**
他现在比以前旅游**多了**

Viaja mucho más que antes.

Contenidos relacionados
────────────────

20.1 Haciendo comparaciones con 比
21 El complemento de grado

33.2.5 EXPRESANDO SI CIERTA CANTIDAD HA SIDO ALCANZADA CON 到

到 seguido de una **cantidad** y un clasificador indica si una cierta cantidad ha sido alcanzada:

tā **dào** sānshísuì le ba
他**到**三十岁了吧。
Debe haber alcanzado la edad de 30 años.

zhè zhǐ gǒu tài pàng le   mǎ shàng jiù zhǎng dào   jīn le
这只狗太胖了，马上就涨到20斤了。
Este perro está tan gordo que está a punto de llegar a los 10 kilos.

Su forma negativa se construye con 不到

zhè jié kè de shēng cí hái **bú dào**   gè
这节课的生词还**不到**10个。
En esta clases hemos visto menos de diez palabras nuevas.

zhè tiáo yú hái **bú dào** yì jīn zhòng   wǒ men bié mǎi le
这条鱼还**不到**一斤重，我们别买了。
Este pescado pesa menos de medio kilo, no lo compremos.

tā zū le yì jiān fáng zǐ **bú dào** liùshí píngfāngmǐ de fáng zǐ
他租了一间房子**不到**六十平方米的房子。
Alquiló una casa de menos de sesenta metros cuadrados.

zǎoshàng jiǔ diǎn **bú dào** jiù dào le bàngōngshì   kě méi xiǎng dào zhèng xiānshēng dào
早上九点**不到**就到了办公室,可没想到郑先生到
de gèng zǎo
得更早。
Llegó a la oficina antes de las nueve de la mañana, pero no esperaba que el señor Zheng llegara antes.

Contenidos relacionados
_____

26.3.3 Complemento de resultado 到
28.2 Expresando hasta con 到

33.2.6 EXPRESANDO SI ALGO ES SUPERIOR A CIERTA CANTIDAD CON 多

Un número que supera una determinada cantidad se expresa añadiendo 多 detrás de dicho número y el clasificador. Se suele traducir como **más de** ...

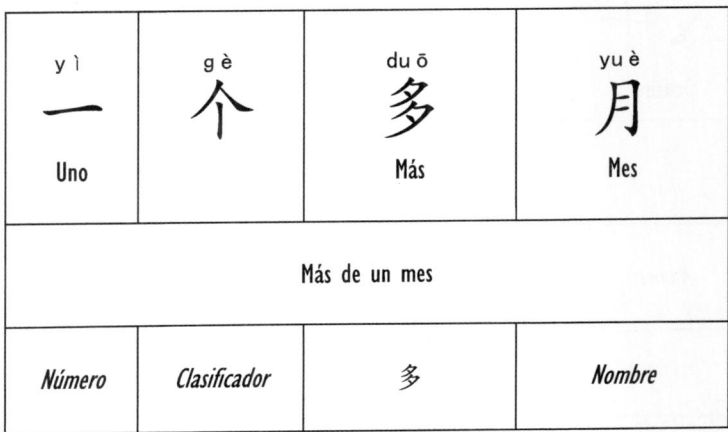

yì	gè	duō	yuè
一	个	多	月
Uno		Más	Mes
Más de un mes			
Número	*Clasificador*	多	*Nombre*

wǒ men zǒu le **sān gè duō** xiǎo shí

我们走了三个多小时。

Caminamos durante más de tres horas.

yí gè duō xīng qī hòu   xiǎo míng jiù cóng guǎng zhōu huí qù le hú nán

一个多星期后，小明就从广州回去了湖南。

Una semana más tarde, Xiao Ming volvió a Hunan desde Guangzhou.

Cuando el número es menor que once, 多 se sitúa detrás del clasificador. Sin embargo, si el número es mayor que once, 多 debe situarse delante del clasificador.

bā shí	duō	gè	
八十	多	个	人
Ochenta	Más		Persona
Más de ochenta personas			
Número	多	*Clasificador*	*Nombre*

~~我妈妈已经六十岁多了。~~

wǒ mā mā yǐ jīng **liù shí duō suì** le
我妈妈已经**六十多岁**了。

Mi madre ya tiene más de 60 años.

~~我弟弟六多岁多~~

wǒ dì dì **liù suì duō** le
我弟弟**六岁多**了。

Mi hermano pequeño tiene más de seis años.

zhè ge bān yǒu yì bǎi **duō** gè xué shēng
这个班有一百**多**个学生。

Hay más de 100 alumnos en esta clase.

zhè ge bāo sān qiān **duō** kuài iōu yuán
这个包三千**多**块欧元。

Este bolso cuesta más de 3.000 euros.

Por último comentar que cuando 多 actúa de este modo puede ser substituido por 几

bā shí **duō** gè rén
八十**多**个人
Más de ochenta personas

bā shí **jǐ** gè rén
八十**几**个人
Más de ochenta personas

---

kā ichē cóngguǎngzhōudàoshēnzhèn xū yào **yí gè duō** xiǎoshí
开车从广州到深圳需要**一个多**小时。
Se tarda más de una hora en ir de Guangzhou a Shenzhen en coche.

zuòfēi jī cóngbā sàiluó nà dàoxī ní xū yào **èr shí duō gè** xiǎoshí
坐飞机从巴塞罗那到悉尼需要**二十多个**小时。
Se tarda más de veinte horas en viajar de Barcelona a Sydney en avión.

Tenga en cuenta que cuando el clasificador no es requerido, como cuando se utiliza 岁, 年 o 天 se debe seguir utilizando la norma enunciada anteriormente.

yì 一 Uno	nián 年 Año	duō 多 Más
Más de un año		
Número	Clasificador	多

tā yǐ jīng **yì nián duō** méi chī ròu le
他已经**一年多**没吃肉了

No ha comido carne en más de un año.

tā liánxù chī le **sān tiān duō** kàngshēng sù
他连续吃了**三天多**抗生素

Tomó más de tres días seguidos de antibióticos

Contenidos relacionados

14.12 Expresiones temporales y los clasificadores

sān shí 三十 Treinta	duō 多 Más	nián 年 Año
Más de treinta años		
Número	多	Clasificador

tā zài fǎ guó zhù le **sānshí duō** nián le
他在法国住了**三十多**年了。

Vive en Francia desde hace más de treinta años.

wǒ yǐ jīng **wǔ shí duō tiān** méi hē jiǔ le
我已经**五十多天**没喝酒了

No he bebido en más de 50 días

zhè běn yǔ fǎ shū yǒu **sì bǎi duō** yè
这本语法书有**四百多**页。

Este libro de gramática tiene más de cuatrocientas páginas.

Excepciones

Existen dos excepciones a lo enunciado anteriormente:

Con 分钟 , que tiene el significado de minutos 多 se sitúa en medio de ambos caracteres y 分 actúa como clasificador en la estructura:

~~一分钟多~~

yì fēnduōzhōng
一分多钟

Más de un minuto

wǒ hé tā jiǎng le **yì fēnduōzhōng**   tā jiù bú nàifán le
我和她 讲 了**一分多钟**，她就不耐烦了

Llevaba más de un minuto hablando con ella cuando se impacientó

Cuando se trata de decir más de un día se prefiere la expresión 一两天

~~一天多~~

yì liǎngtiān
一 两 天

Uno o dos días

bànlǐ zhè ge shǒuxù yì bānzhǐ xū yào**yì liǎngtiān**
办理这个手续一般只需要**一 两 天**。

El proceso suele durar sólo uno o dos días.

Contenidos relacionados

33.1.3 Expresando números de manera aproximada por pares

33.2.7 EXPRESANDO UNA CANTIDAD INDEFINIDA CON 多么

duō me

多么

nǐ kàn zhè shuāng xiǎo pí xié duō me kě ài a
你看这双小皮鞋**多么**可爱啊。

Mira qué bonitos son estos zapatitos de cuero.

nǐ péng yǒu duì nǐ duō me hǎo
你朋友对你**多么**好。

Qué buenos son tus amigos contigo.

nǐ xīn jiā lí gōng sī duō me jìn   nǐ zěn me měi tiān dōu chí dào le
你新家离公司**多么**近，你怎么每天都迟到了。

Lo cerca que está tu nueva casa del trabajo, cómo llegas tarde todos los días.

nǐ xiǎng niàn zhōng guó cài ma   yuè cài duō me hǎo chī ya
你想念中国菜吗？粤菜**多么**好吃呀

¿Echas de menos la comida china? ¡La comida cantonesa es tan buena!

wèi shén me zuò zhè me fù zá de wǎn cān   fāng biàn miàn duō me jiǎn dān
为什么做这么复杂的晚餐，方便面**多么**简单。

Por qué hacer una cena tan complicada cuando los fideos instantáneos son tan fáciles.

bù guǎn kè rén duō me duō   shēng yì duō me máng   wǒ men dōu yào bǎo zhèng tā men dōu
不管客人**多么**多，生意**多么**忙，我们都要保证他们都
hěn kāi xīn
很开心。

No importa el número de clientes que haya y lo ocupado que esté el negocio, debemos asegurarnos de que todos estén contentos.

En ocasiones entre 多么 y el adjetivo se puede intercalar la partícula 的

nǐ kàn zhè shuāng xiǎo pí xié duō me de kě ài a
你看这双小皮鞋**多么的**可爱啊

Mira qué bonitos son estos zapatitos de cuero.

ní péngyǒuduì nǐ **duō me de** hǎo

你朋友对你**多么的**好。

Qué buenos son tus amigos contigo.

A veces puede aparecer abreviado como 多 siempre seguido de un adjetivo

~~地中海的阳光多的明媚~~

dì zhōnghǎi de yángguāng**duō** míngmèi

地 中 海的阳 光 **多** 明 媚

Qué soleado es el Mediterráneo.

~~这个湖多的大啊~~

zhè ge hú **duō** dà a

这个湖**多**大啊

Qué grande es este lago.

33.2.8 EXPRESANDO CUALQUIERA, EN CUALQUIER MOMENTO CON 任何, 任何时候

<table>
<tr><td>

rèn hé

任何

Cualquier

</td><td>

rèn hé shí hòu

任何时候

En cualquier momento

</td></tr>
</table>

任何 aparece delante de un nombre y expresa el significado de cualquier o ningún si aparece en una frase con sentido negativo. No se suele utilizar junto a 的 pero si aparece comúnmente con 也 o 都.

yǒu **rènhé** xū yào gěi wǒ dǎ diànhuà ba
有**任何**需要给我打电话吧。
Llámeme si necesita algo.

méi yǒu **rènhé** wèntí kě yǐ nán dào tā
没有**任何**问题可以难道她
No hay ninguna pregunta que no puedas hacerle.

Cuando 任何 modifica a 人, que significa **persona** adquiere el significado de **cualquiera** en oraciones con sentido positivo o **nadie** en oraciones con sentido negativo.

wǒ gàosù nǐ de mì mì gēn **rènhé rén** dōu bú yào shuō
我告诉你的秘密跟**任何人**都不要说。
No le digas a nadie el secreto que te conté.

Contenidos relacionados
_____

46.1.2 Cualquier cosa, cualquier persona, cualquier lugar

Cuando 任何 aparece junto a 时候, juntos adquieren el significado de **en cualquier momento**

rènhé shíhòu wǒ men dōu yuàn bāng máng nǐ
任何时候我们都愿帮忙你。
Estamos aquí para ayudarle siempre que lo necesite.

zài rànhé shíhòu　zhǐ yào nǐ xū yào wǒ　　wǒ jiù huì péi zài nǐ shēn biān

在**任何时候**，只要你需要我，我就会陪在你身边。

Estaré contigo en cualquier momento mientras me necesites.

Como verá algunos de los significados anteriores pueden ser expresados haciendo uso de pronombres interrogativos como en los siguientes ejemplos:

wǒ **shén me** cài dōu xǐ huān chī

我**什么**菜都喜欢吃。

Me gusta comer cualquier tipo de plato.

bú yòng wèn le　　**shuí** dōu zhī dào

不用问了，**谁**都知道。

No es necesario preguntar, cualquiera lo sabe.

Contenidos relacionados
_____

46.1 Uso flexible de los pronombres interrogativos

34 EL COMPLEMENTO DE DIRECCIÓN

Ya vimos a modo de introducción en el volumen anterior que en chino, la dirección de una acción que implica movimiento debe ser, por lo general, especificada de una manera muy concreta. Para ello, 去 y 来 que actúan como complemento de dirección deben ser añadidos tras el verbo para indicar si el sentido del movimiento es **desde** o **hacia el hablante**. En este caso, 来 y 去 pierden el significado que tienen como verbo aislado, ahora modifican al verbo y añaden información acerca de la dirección al mismo.

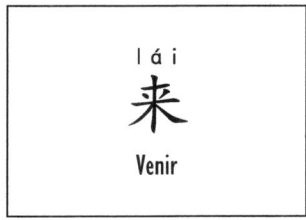

lái

来

Venir

qù

去

Ir

nǐ shén me shí hòu **huì qù** běi jīng
你什么时候**会去**北京？
¿Cuándo irás a Beijing?

nǐ shén me shí hòu **huì lái** běi jīng
你什么时候**会来**北京？
¿Cuándo vendrás a Beijing?

请进 es una expresión en chino que significa **Por favor, entra**. Se utiliza para invitar a alguien a entrar en un lugar, como una forma cortés de dar la bienvenida. Esta expresión no indica el sentido del movimiento y es simplemente una forma cortés de dar la bienvenida. Sin embargo, en otras oraciones donde se utilice 进 sí es necesario añadir dirección al verbo:

进	来
Entrar	Venir
Entra (hacia el hablante)	
Verbo	Complemento Dirección

进	去
Entrar	Ir
Entra (alejándose del hablante)	
Verbo	Complemento Dirección

ràng tā **jìn lái ba**

让 他 **进来** 吧!

¡Déjalo entrar!

nín kě yǐ **jìn qù**

您 可 以 **进去**。

Puede entrar.

Contenidos relacionados

26.2.4 Introducción al complemento de dirección
En lo que resta de punto gramatical vamos a ampliar un poco la estructura ya conocida y vamos a añadir en ella un **objeto** o un **lugar**.

Especificando el sentido de movimiento de un objeto

带 es una palabra en chino que puede tener varios significados según el contexto en el que se utilice. Entre ellos **traer** o **llevar** según que complemento de dirección le acompañe.

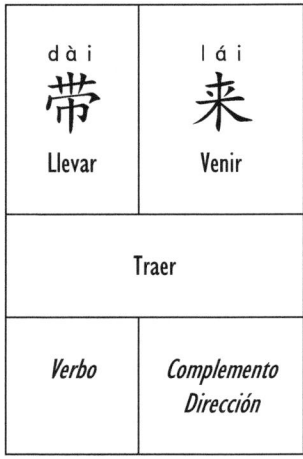

Vamos a utilizar este ejemplo con el verbo 带 para indicar que entre el verbo y el complemento de dirección es posible añadir un **objeto**.

dài 带 Volver	shū 书 Libro	lái 来 Venir
Traer libro		
Verbo	*Complemento Directo*	*Complemento Dirección*

dài 带 Subir	shū 书 Libro	qù 去 Ir
Llevar libro		
Verbo	*Complemento Directo*	*Complemento Dirección*

Si en lugar de un objeto se añade un **lugar** a la estructura resulta:

huí 回 Volver	jiā 家 Casa	lái 来 Venir
Volver a casa		
Verbo	*Lugar*	*Complemento Dirección*

jìn 进 Entrar	jiào 教 shì 室 Aula	qù 去 Ir
Entrar al aula		
Verbo	*Lugar*	*Complemento Dirección*

tā huí jiā lái le

她回家来了。

Ella volvió a casa.

lǎoshī jìn jiàoshì qù shàng kè

老师进教室去上课。

El profesor entró en el aula para enseñar.

Ciertos verbos se comportan del mismo modo que 回 进 o 带 y aparecen es habitual encontrarlos acompañados de un complemento de dirección. Entre otros:

huí	jìn	chū	shàng	xià	guò	qǐ	dào
回	进	出	上	下	过	起	到
Volver	Entrar	Salir	Subir	Descender	Pasar	Levantarse	Llegar

tā yǐ jīng cóng tú shū guǎn chū lái le

他已经从图书馆出来了

tā yǐ jīng cóng tú shū guǎn chū qù le

他已经从图书馆出去了

Ya ha salido de la biblioteca.

tā shàng lái le

他上来了

tā shàng qù le

他上去了

Está subiendo

Añadiendo el **lugar** a la estructura

tā men **xià lóu lái** le
他们**下楼来**了

tā men **xià lóu qù** le
他们**下楼去**了

Están bajando las escaleras.

nǐ **guò jiē lái** le
你**过街来**了

nǐ **guò jiē qù** le
你**过街去**了

Estás cruzando la calle.

Tenga en cuenta que cuando 到 aparece con 去 debe ir acompañado siempre de un lugar.

mā mā **dào** xīn chéng **qù** le
妈妈**到**心诚**去**了

Mi madre ha ido al centro de la ciudad.

xīn nián **dào lái** le
新年**到来**了

El año nuevo ha llegado

Contenidos relacionados

26.3.3 Complemento de resultado 到
39.3 Expresando la localización donde termina una acción
45 Complementos compuestos de dirección

35 VERBOS

35.1 EXPRESANDO EXISTENCIA CON 着

El sujeto en este tipo de oraciones es un sustantivo o un sintagma que expresa localización, el predicado es el verbo seguido por 着 y el objeto es la misma cosa o persona que existe.

Algunos verbos que solemos encontrar cuando se usa esta estructura son recogen en la siguiente tabla:

guà 挂 Colgar	fàng 放 Colocar, dejar	zuò 坐 Sentarse	bǎi 摆 Poner , colocar
zhàn 站 Estar de pie	tiē 贴 Estar pegado	tíng 停 Pararse	

Observe como el sustantivo o sintagma que expresa la localización encabeza la estructura seguido de un verbo (expuesto en la tabla anterior) y finalmente el objeto de la oración

zhuō zǐ shàng 桌子上 Encima de la mesa	fàng 放 Dejar	zhe 着	yī bēi kā fēi 一杯咖啡 Un vaso de café
Lugar	*Verbo*	着	*Objeto*

165

Básicamente, se esta reemplazando el verbo 有 cuando se usa para expresar existencia que apareció en un punto gramatical anterior donde cuando tratamos por otro verbo seguido de la partícula 着.

Contenidos relacionados

6.3.2 Expresando existencia con 有

Observe que en este tipo de oraciones las preposiciones como 在 o 从 no aparecen delante del sujeto.

~~在院子里停着一辆车。~~
yuàn zǐ lǐ **tíng zhe** yì liàng chē
院子里停着一辆车。
En el patio está aparcado un coche.

~~在桌子上放着一杯咖啡~~
zhuō zǐ shàng **fàng zhe** yì bēi kā fēi
桌子上放着一杯咖啡
Hay un vaso de café encima de la mesa.

wǒ jiā lóu shàng **zhù zhe** yí wèi lǎo shī
我家楼上住着一位老师。
Un profesor vive en el piso de arriba de mi casa.

qiáng shàng **guà zhe** zhōng guó huà
墙上挂着中国画
Hay pinturas chinas colgadas en las paredes

shū jià shàng **fàng zhe** hěn duō shū
书架上放着很多书
Hay muchos libros en las estanterías

tài yáng lǐ **bǎi zhe** zhè me duō huā ér
太阳里摆着这么多花儿。
Hay muchas flores en el balcón.

fáng jiān lǐ **zhàn zhe** yí wèi fú wù yuán
房间里站着一位服务员
Hay un camarero de pie en la sala.

cān tīng lǐ **zuò zhe** hěn duō xué shēng
餐厅里坐着很多学生
El comedor está lleno de estudiantes.

shàngmiàn xiě zhe   yuán
上 面 写着120元

Está escrito 120 yuan

zhuōzi shàng fàng zhe yàoshi
桌子上 放着钥匙。

Las llaves están encima de la mesa.

fànzhuō shàng bǎi zhe liǎngpán hěn hǎokàn de lánhuā
饭桌 上 摆着 两盘很好看的兰花。

Encima de la mesa del comedor hay dos orquídeas muy bonitas.

gōnggòng qìchē lǐ zuò zhe zhème duō chéngkè ràng wǒ jīhū bù néng hūxī
公共汽车里坐着这么多乘客让我几乎不能呼吸

En el autobús hay tantos pasajeros que casi no puedo respirar.

Esta estructura debe utilizarse únicamente cuando se indica la existencia de algo

xǐshǒujiān de qiáng shàng guà zhe xīn de yínzi
洗手间的 墙 上 挂着新的银子。

En el baño hay un espejo nuevo colgado en la pared.

Observe como componentes parecidos se ordenan en estructuras similares que narran una acción

lìng yì tiān wǒ zài xǐshǒujiān de qiáng shàng guà le xīn de yínzi
另一天我在洗手间的 墙 上 挂了新的银子。

lìng yì tiān wǒ bǎ xīn de yínzi guà zài xǐshǒujiān de qiáng shàng le
另一天我把新的银子挂在洗手间的 墙 上了。

lìng yì tiān wǒ bǎ xīn de yínzi guà zài le xǐshǒujiān de qiáng shàng
另一天我把新的银子挂在了洗手间的 墙 上。

El otro día colgué el espejo nuevo en la pared del baño.

En la **forma negativa**, cuando expresa inexistencia 着 no aparece en la estructura. XXX

zhuōzi shàng méi fàng yàoshi
桌子上 没 放钥匙。

No hay llaves encima de la mesa.

shàngmiàn méi xiě duōshǎo qián
上 面 没写多少钱

No dice cuánto cuesta.

167

35.2 MÁS ORACIONES QUE INDICAN EXISTENCIA

Existen más tipos de oraciones que indican existencia además de los expuestos hasta ahora. En este punto gramatical vamos a ver aquellas oraciones que describen la **aparición** o **desaparición** de algo o alguien de un determinado lugar. De nuevo, el lugar aparece como sujeto de la frase y las preposiciones como 在 o 从 tampoco pueden situarse delante de la localización en este caso.

huāyuánlǐ tūránchūxiàn le yī zhǐ xiǎomāo
花园里突然出现了一只小猫

En el jardín apareció repentinamente un gato pequeño.

hǎitānshàngxīngqǐ le yí zhèndà fēng
海滩上兴起了一阵大风

En la playa, se levantó un fuerte viento.

El verbo es habitualmente un verbo intransitivo que se refiere a un cambio de posición de personas o cosas. Observe como en todas ellas encontramos la partícula 了 que en este caso indica un cambio.

El objeto de esta oración no debe ser una referencia definida. Así es incorrecto decir:

~~前边走来了大卫。~~

Al verbo le debe seguir una referencia indefinida o bien un número yun clasificador.

nǎ érlái le hěnduōrén
哪儿来了很多人

¿De dónde viene toda esa gente?

xué jiàodulìmiàntíngsānbǎiduō zì xíngchē
学教对面停三百多自行车。

Más de trescientas bicicletas están aparcadas frente a la escuela.

168

Otro tipo de oraciones que expresan existencia con 有 son aquellas en las que **el objeto** de 有 funciona como **objeto de un segundo verbo**. A veces no hay sujeto para toda la oración. El uso es bastante similar al uso que hacemos en español de **hay** en **hay** alguien picando a la puerta o no **hay** nadie que le llame ...

yǒu rén qiāo mén
有人敲门。
Llaman a la puerta.

yǒu duō shǎo rén cān jiā bǐ sài
有多少人参加比赛。
¿Cuántas personas participan en la competición?

Igual que en las oraciones del apartado anterior, si se indica la **localización** esta se sitúa delante de 有 y no se usa preposición para introducirla.

huá shān **yǒu** yí gè yǒu míng de sì miào jiào zuò xià qí tíng
华山**有**一个有名的寺庙 叫做下棋亭
Hay un famoso templo en el Monte Hua llamado el Pabellón del Ajedrez.

La forma negativa se construye con 没有:

méi yǒu rén gěi nǐ dǎ diàn huà
没有人给你打电话。
Nadie te llama.

35.3 *EXPRESANDO INTERÉS POR ALGO*

Para expresar interés o desinterés por algo se utiliza la construcción 感兴趣.

gǎn xìng qù
感 兴 趣
Tener interés

Para introducir el objeto se utiliza el coverbo 对.

wǒ duì zhōngguó diànyǐng gǎnxìngqù
我对中国电影感兴趣。
Me interesan las películas chinas.

wǒ érzi duì dǎ lánqiú gǎnxìngqù
我儿子对打篮球感兴趣。
A mi hijo le interesa el baloncesto.

Su expresión negativa se forma con el adverbio de negación 不 y para formular una pregunta puede utilizar las siguientes expresiones:

wǒ duì dǎ lánqiú bù gǎnxìngqù
我对打篮球不感兴趣。
No me interesa el baloncesto.

wǒ duì pá shān bù gǎnxìngqù
我对爬山不感兴趣。
No me interesa la escalada.

tā duì tiàowǔ gǎnxìngqù ma
他对跳舞感兴趣吗
¿Le interesa el baile?

wǒmen dōu duì yīnlè gǎn bù gǎnxìngqù
我们都对音乐感不感兴趣
¿Estáis interesados en la música?

También es posible utilizar la expresión equivalente 有兴趣 en cuyo caso su expresión negativa se forma con el adverbio de negación 没.

yǒu xìng qù

有兴趣

Tener interés

tā xuǎn zé zhè ge gōngzuò shì yīn wéi duì diànnǎo **yǒu xìng qù**
他选择这个工作是因为对电脑**有兴趣**

Eligió este trabajo porque le interesan los ordenadores.

tóngxué men duì shùxué **méi xìng qù**
同学们对数学**没兴趣**

tóngxué men duì shùxué **méi yǒu xìng qù**
同学们对数学**没有兴趣**

Los alumnos no tienen interés en las matemáticas.

35.4 EXPRESANDO RELACIÓN ENTRE DOS COSAS CON 和...... 有关系

Esta estructura indica si existe o no relación entre el sujeto y el sintagma nominal que le sigue.
和 significa y o con, mientras que, 有关系 literalmente significa tener relación. 跟 también puede utilizarse para unir las dos cosas que tienen relación.

wèishén me zài jiē shang hěn shǎo kàn dào tè bié pàng de rén
为什么在街上很少看到特别胖的人?

¿Por qué es raro ver a una persona especialmente gorda en la calle?

kě néng **hé** xiàn dài rén zhù zhòng shēn tǐ **yǒu guān xì** ,
可能 **和** 现代人注重身体 **有关系** ,
xiàn dài rén duàn liàn dì yuè lái yuè duō 。
现代人锻炼地越来越多。

Probablemente tenga que ver con el hecho de que la gente moderna es cada vez más consciente de su cuerpo y hace más ejercicio.

zhè wèi lǎo tài tai yǐ jīng bā shí duō suì le　　shēn tǐ zěn me zhè me hǎo
这位老太太已经八十多岁了，身体怎么这么好？

Esta anciana tiene más de ochenta años, ¿cómo es que goza de tan buena salud?

kě néng **hé** tā de shēng huó jié zòu **yǒu guān xì**
可能 **和** 她 的 生 活 节 奏 **有 关 系**，
tā zǒng shì zài jiàn kāng dì shēng huó
她总是在健康地生活。

Tal vez tenga que ver con el ritmo de su vida, siempre lleva una vida sana.

bǎo hù běi jīng de huán jìng gēn měi ge zài běi jīng shēng huó de rén dōu yǒu guān xì
保护北京的环境跟每个在北京 生 活的人都有关系。

Proteger el medio ambiente de Beijing es importante para todos los que viven en la ciudad.

35.5 OTROS VERBOS QUE EXPRESAN NECESIDAD U OBLIGACIÓN

Los siguientes puntos gramaticales están dedicados a variedad de formas para comunicar diferentes niveles de necesidad, obligación o deber en chino. Aunque comparten ciertas similitudes, cada una de estas expresiones tiene matices y usos específicos.

Contenidos relacionados

35.5.1 Expresando obligación con 应当
35.5.2 Expresando necesidad u obligación con 得
35.5.3 Expresando una necesidad con 需要
35.5.4 Expresando obligación o necesidad con 必须
35.5.5 Expresando no tener otra elección con 不得不
35.5.6 Expresando obligación con 非得......不可
35.5.7 Reforzando una obligación con 千万 o 一定

35.5.1 EXPRESANDO OBLIGACIÓN CON 应当

La estructura 应当 se utiliza en chino para expresar la idea de deber o tener la obligación de. Transmite la idea de que algo es considerado como una **responsabilidad** o un deber en una situación particular.

yīng dāng

应当

zuò wéi gōng mín　wǒ men **yīng dāng** zūn shǒu fǎ lǜ
作为公民，我们**应当**遵守法律
Como ciudadanos, debemos obedecer las leyes.

nǐ **yīng dāng** wéi zì jǐ de xíng wéi fù zé
你**应当**为自己的行为负责
Deberías ser responsable por tus acciones.

35.5.2 *Expresando necesidad u obligación con* 得

Deber o **tener que** serian traducciones aceptables en español para 得. En general, transmite una sensación de obligación que deriva de la situación específica en la que se encuentra el hablante.

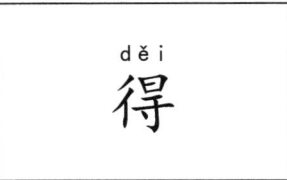

wǒ **děi** xiū xī yì huì ér
我**得**休息一会儿。
Debo descansar un poco.

jīn tiān wǒ **děi** zhǔn bèi kǎo shì
今天我**得**准备考试。
Hoy debo preparar el examen.

tā gōng zuò hěn máng   měi tiān **děi** jiā bān
他工作很忙，每天**得**加班。
Él trabaja mucho, tiene que hacer horas extras todos los días.

tā cuò guò le gōng jiāo chē   zhǐ **děi** zǒu lù huí jiā
她错过了公交车，只得走路回家。
Ella perdió el autobús, así que tuvo que caminar de regreso a casa.

35.5.3 EXPRESANDO UNA NECESIDAD CON 需要

Expresa la necesidad de algo y es posible traducirlo como **necesitar** o **requerir**. Así, indica que algo es necesario o se requiere en una situación específica. Puede usarse tanto en situaciones cotidianas como en contextos más formales.

xū yào

需要

Necesitar

Requerir

nǐ **xū yào** chī yào ma

你需要吃药吗?

¿Debes tomar la medicina?

wǒ **xū yào** yì bēi shuǐ

我需要一杯水。

Necesito una taza de agua.

zhè ge xiàng mù **xū yào** gèng duō de shí jiān lái wán chéng

这个项目需要更多的时间来完成。

Este proyecto requiere más tiempo para completarse.

tā men **xū yào** zhǎo dào jiě jué fāng àn

他们需要找到解决方案

Necesitan encontrar una solución.

35.5.4 EXPRESANDO OBLIGACIÓN O NECESIDAD CON 必须

必须 significa **deber**, **tener que** o **necesitar**. Indica que algo es imperativo y no opcional en una situación dada. Suele trasmitir la idea de una necesidad **objetiva** y **a cualquier precio** de algo.

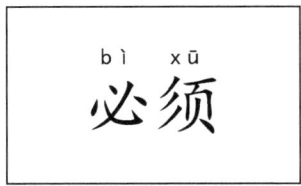

bì xū
必须

nǐ **bì xū** qù zhǎoxiàozhǎng
你**必须**去找校长。

Debes ir como sea a buscar al director.

nǐ men bì xū ànshíwánchéngzuò yè
你们必须按时完成作业。

Deben completar la tarea a tiempo.

wǒ jiǔ diǎn qián **bì xū** huí dào bàn gōng shì
我 九 点 前 **必 须** 回 到 办 公 室 ,
jīng lǐ yǒushìqíngzhǎowǒ **bì xū** de
经 理 有 事 情 找 我 **必须**的 。

Tenía que volver a la oficina a las nueve, el director tenía que verme por algo.

zhè shì yì cì **bì xū** cānjiā de huì yì   yīnwéitǎolùn de nèiróng hěnzhòngyào
这是一次**必须**参加的会议, 因为讨论的内容很重要。

Esta es una reunión a la que se debe asistir, porque el contenido de la discusión es muy importante.

Su forma negativa es 不必

nǐ **bú bì** zhāojí   háizǐ yídìnghuìhuíláide
你**不必**着急, 孩子一定会回来的。

No hay que ponerse nervioso, el niño volverá sin duda.

176

35.5.5 EXPRESANDO NO TENER OTRA ELECCIÓN CON 不得不

不得不 es una construcción en chino que se utiliza para expresar la idea de **no tener otra elección** o **verse obligado a hacer algo**. Esta construcción transmite una sensación de necesidad o inevitabilidad en una situación determinada. En este caso la acción que se plantea inevitable o necesaria sigue a la estructura 不得不.

wǒ **bù dé bù** qù kāihuì
我**不得不**去开会。

No puedo no ir a la reunión.

túshūguǎnyàoguānmén le   wǒmen **bù dé bù** líkāi le
图书馆要关门了,我们**不得不**离开了。

La biblioteca estaba cerrando y teníamos que irnos.

35.5.6 EXPRESANDO OBLIGACIÓN CON 非得......不可

不可 se traduce como **no se puede** y en el contexto de esta estructura, se utiliza para enfatizar que no se puede evitar o eludir la acción que se menciona previamente tras 非得. En conjunto, 非得......不可 se traduce aproximadamente como **tener que hacer algo** o **no tener otra opción más que hacer algo**. Esta estructura es comúnmente usada para expresar la necesidad o la obligación de realizar una acción específica en situaciones donde no hay alternativa viable.

zhè ge huì hěn zhòng yào　　wǒ men fēi dé　qù　bù kě
这个会很重要，我们**非得**去**不可**。
Esta reunión es importante y debemos ir.

nǐ de huà shì shén me yì si　　jīn tiān fēi dé shuō qīng chǔ bù kě
你的话是什么意思？今天**非得**说清楚**不可**。
¿Qué quiere decir con eso? Hay que dejarlo claro hoy.

jué jué zhè zhǒng wèn tí fēi dé tā bù kě
绝决这种问题**非得**他**不可**。
Debe ser él quien decida sobre estas cuestiones.

huí dá zhè ge wèn tí wǒ fēi dé xiǎo xīn yì diǎn ér bù kě
回答这个问题我**非得**小心一点儿**不可**。
Tengo que ser un poco cuidadoso al responder a esta pregunta.

wǒ xià bān yǐ qián fēi dé wán chéng zhè fèn bào gào bù kě
我下班以前**非得**完成这份报告**不可**。
Tengo que terminar este informe antes de salir del trabajo.

jī piào dōu mǎi hǎo le　　wǒ fēi dé péi tā qù lǚ xíng bù kě
机票都买好了，我**非得**陪她去旅行**不可**。
Tengo que ir al viaje con ella porque los billetes están comprados.

35.5.7 REFORZANDO UNA OBLIGACIÓN CON 千万 O 一定

Esta expresión que se traduce literalmente por **diez millones** se utiliza normalmente para **enfatizar** las **negaciones o afirmaciones que expresan obligación**. Así, suele aparecer delante de 要, 别 o verbos modales que expresan obligación 能, 得 ... . 千万不能, 千万 不要, 千万别.

> qiān wàn
> # 千万
> Deber
> Diez Millones / Muchos

miànshì shí bú yào jǐnzhāng　shuōhuà de shēngyīn **qiānwàn** bié tài xiǎo
面试时不要紧张， 说话的声音千万别太小。
Durante una entrevista uno no se debe poner nervioso ni hablar demasiado bajo.

kāichē **qiānwàn** bié hē jiǔ　hē jiǔ **qiānwàn** bié kāichē
开车千万别喝酒， 喝酒千万别开车。
No se debe beber mientras se conduce y no se debe conducir si se ha bebido.

qù miànshì **qiānwàn** bié chídào
去面试千万别迟到。
No se debe llegar tarde a una entrevista.

Su uso es similar a 一定, con el significado de *definitivamente* cuando aparece en este tipo de oraciones.

zhè cì huìyì hěnzhòngyào　nǐ **yídìng** yào zhǔnshí cānjiā
这次会议很重要， 你一定要准时参加。
Esta reunión es muy importante, debes llegar a tiempo.

zhè cì huìyì hěnzhòngyào　nǐ **qiānwàn** yào zhǔnshí cānjiā
这次会议很重要， 你千万要准时参加。
Esta reunión es muy importante, debes llegar a tiempo.

Contenidos relacionados

40.4 Expresando certeza con 一定

179

36 MÁS ADVERBIOS

36.1 EXPRESANDO TAN PRONTO COMO CON 一......就

Utilizamos esta estructura para indicar que en cuanto ocurre una cosa, inmediatamente después ocurre otra. La estructura implica dos sucesos diferentes, el primero introducido por 一, y el segundo suceso, que le sigue en rápida sucesión, precedido por 就. Posible traducciones de esta estructura son **tan pronto como** ... o **en cuanto** ...

wǒ 我 Yo	yí 一 en cuanto	dào jiā 到家 Llegue a casa	jiù 就 entonces	gěi nǐ dǎ diàn huà 给你打电话。 te llamo
En cuanto llegue a casa te llamo.				
Sujeto	一	*Frase 1*	就	*Frase 2*

Las acciones puedes ser efectuadas por el mismo sujeto. En este caso no es necesario repetirlo en la segunda cláusula.

También puede utilizar esta estructura con dos sujetos diferentes. En ese caso, el segundo sujeto se sitúa delante de 就.

tā	yì	jiào	wǒ men	jiù	dōu chū fā le
她	一	叫，	我们	就	都出发了
Ella	en cuanto	llamar	nosotros	entonces	salir
En cuanto llame, salimos.					
Sujeto 1	一	Frase 1	Sujeto 2	就	Frase 2

Siguen numerosos ejemplos para que se acostumbre a su uso y ritmo:

tā yì chū mén jiù shuāi le yì jiāo
他一出门**就**摔了一跤。
En cuanto salió por la puerta se cayó.

wǒ yì kāi shǐ jiù fǎn duì tā men zhè me zuò
我一开始**就**反对他们这么做。
Al principio estaba en contra de que lo hicieran.

wǒ shēn bìng le yì chī fàn jiù děi shàng cè suǒ
我身病了，一吃饭，**就**得上厕所。
Estoy enfermo, en cuanto como, tengo que ir al baño.

yì dào běi jīng jiù zhī dào wǒ yào liú zài zhè ér wǒ ài běi jīng
一到北京，**就**知道我要留在这儿，我爱北京。
En cuanto llegué a Beijing supe que me quedaría aquí, me encanta Beijing.

jiě jiě yì hē nà ge guǒ zhī jiù jué de zhēn bù shū fu
姐姐一喝那个果汁，**就**觉得真不舒服。
Mi hermana en cuanto se bebió ese zumo se encontró mal.

wǒ zhēn xǐ huān miàn tiáo yì kàn yì wǎn jiù hěn xiǎng chī
我真喜欢面条，一看一碗，**就**很想吃。
Me gustan mucho los fideos, en cuanto veo un bol me lo quiero comer.

nǎinǎi yī kàn yé ye de zhàopiàn   tā jiù hěn nánguò
奶奶一看爷爷的照片，她**就**很难过。

La abuela en cuanto ve una foto del abuelo se pone muy triste.

xiǎopéngyǒu yī kāishǐ wánér   jiù bié de dōngxi dōu wàng le
小朋友一开始玩儿，**就**别的东西都忘了

Los niños en cuanto empiezan a jugar, se les olvidan todas las otras cosas.

zhàngfū yī nà kàn tā qīzi de duǎn qúnzi   jiù shēngqì le
丈夫一那堪他妻子的短裙子，**就**生气了。

En cuanto el marido vio la falda corta de su mujer se enfadó mucho.

xiàozhǎng yī kàn tā de miànzi   jiù zhīdào tā kǎo de bù hǎo
校长一看他的面子，**就**知道他考得不好。

El director de la escuela en cuanto le vio la cara supo que no le había ido bien el examen.

lǎoshī yī jiǎng zhè ge jùzi de yìsi   wǒ jiù kàn dé dǒng
老师一讲这个句子的意思，我**就**看得懂。

En cuanto el profesor explicó el significado de esta frase lo entendí.

děng érzi yī huílái wǒ jiù gàosù tā zhè ge hǎo zhǔyì
等儿子一回来我**就**告诉他这个好主意。

Le contaré a mi hijo esta gran idea en cuanto llegue a casa.

Contenidos relacionados

27.6.2 Expresando inmediatez o acciones sucesivas con 就

Cuando la acción ya ha ocurrido es posible utilizar 刚 con el significado de **justo** ocupando la misma posición que 一:

tā gāng huí jiā jiù kàn diànshì
他**刚**回家**就**看电视。

tā yī huí jiā jiù kàn diànshì
他一回家**就**看电视。

Ve la televisión en cuanto llega a casa.

En esta frase no es posible utilizar 刚 porque la acción todavía no ha ocurrido. Así es incorrecto

~~等儿子刚回来我就告诉他这个好主意。~~

děng ér zi yì huí lái wǒ jiù gào sù tā zhè ge hǎo zhǔ yì
等儿子一回来我就告诉他这个好主意。

Le contaré a mi hijo esta gran idea en cuanto llegue a casa.

Contenidos relacionados

36.4 Diferencias de uso entre 刚 y 刚才

每次只要 también tiene el significado de cada vez que, siempre que y se utiliza para expresar una condición o requisito que debe cumplirse en cada ocasión o cada vez que ocurre algo.

gāng fàng jià jiù qù lǚ yóu
刚 放假就去旅游。

yì fàng jià jiù qù lǚ yóu
一 放假就去旅游。

měi cì zhǐ yào fàng jià jiù qù lǚ yóu
每次只要放假就去旅游。

Cada vez que tengo vacaciones me voy de viaje.

wǒ yì hē duō jiǔ jiù huì tóu téng
我一喝多酒就会头疼。

měi cì zhǐ yào hē duō jiǔ jiù huì tóu téng
每次只要喝多酒就会头疼。

Cada vez que bebo demasiado vino me duele la cabeza.

hǎo péng yǒu yì jiàn miàn jiù liáo hěn jiǔ
好朋友一见面就聊很久。

Los buenos amigos hablan durante mucho tiempo cada vez que se ven.

36.2 EXPRESANDO SECUENCIA CON 先...再...、又...然后...

先 significa **primero** en chino. Se utiliza para indicar que una acción o evento ocurre antes que otro en una secuencia temporal de acciones.

先

Primero

No debe confundirse con 第一 que como vimos indica **el primero** en una secuencia o lista de elementos y se usa para enumerar un orden de importancia, rango o prioridad.

Contenidos relacionados

32.2 Formando números ordinales con 第

先 cuando se combina con otras palabras o estructuras, como 先...再 o 先...然后, se utiliza para expresar una **secuencia de acciones compleja**.

先 ...... 再, es equivalente a utilizar **primero** y **luego** en español e indica que una acción empieza después de que otra finalice, es decir, una acción ocurre primero y luego otra ocurre después.

xiān hē diǎn ér shuǐ　　zài wǎng shàng pá
先喝点儿水，**再**往上爬。
Bebe un poco de agua primero, y luego subes.

wǒ men shàng kè yǐ hòu xiān fān yì shēng cí zài fù xí kè wén
我们上课以后**先**翻译生词**再**复习课文。
Traducimos el vocabulario después de la clase y luego repasamos el texto.

nǐ kě yǐ xiān duō tīng tīng　　zài xué chàng
你可以**先**多听听，**再**学唱。
Primero puedes escucharlo más, y después aprender a cantar.

tā hái shuō　　xiān pá huá shān　　zài qù cān guān bīng mǎ yǒng
他还说，**先**爬华山，**再**去参观兵马俑。
También dijo que primero iría a visitar el monte Hua y luego iría a visitar los guerreros de Terracota.

También puede utilizar 然后 para introducir la segunda acción:

xiānwǒ zuòzuò yè **ránhòu**chī fàn
先我做作业，**然后**吃饭。
Primero hago los deberes y luego como.

wǒ men**xiān**chī fàn **ránhòu**qù jī chǎngjiē tā
我们**先**吃饭，**然后**去机场接她。
Primero comemos y luego vamos a recogerla al aeropuerto.

wǒ men**xiān**zuògōnggòng qì chē **ránhòu**huàndì tiě
我们**先**坐公共汽车，**然后**换地铁。
Primero cogemos el autobús y luego cambiamos al metro.

Incluso utilizar ambos a la vez. En este caso 然后 preceder a 再

xiānqù yí xiàběijīng **ránhòu**zài qù shànghǎi
先去一下北京，**然后**再去上海
Primero iremos a Beijing y luego a Shanghai.

míngtiānzǎoshàngwǒ **xiān**qù yínháng **ránhòu**qù **zài**zhǎonǐ
明天早上我**先**去银行，**然后**去**再**找你。
Iré al banco por la mañana y luego iré a buscarte de nuevo.

Cuando las acciones ya han ocurrido 再 es substituido por 又:

wǒ **xiān**zuò le yí gè xiǎoshí gōnggòng qì chē
我**先**坐了一个小时公共汽车，
yòuzuò le yī huìr érdì tiě **ránhòu**cái dàonǐ jiā
又坐了一会儿地铁，**然后**才到你家。
Tomé el autobús durante una hora y luego el metro durante un rato antes de llegar a tu casa.

Contenidos relacionados

27.8 Expresando de nuevo, otra vez con 再 y 又

36.3 DIFERENCIAS DE USO ENTRE 才 Y 就

El adverbio 才, al contrario a 就, indica que **algo ha tardado en ocurrir** o **ha costado que ocurriera**.

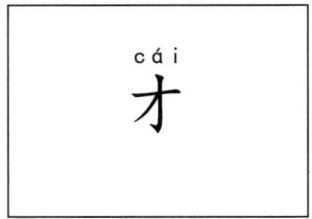

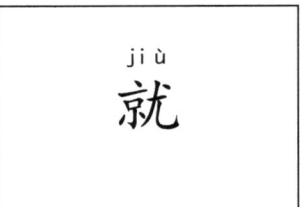

zhè ge gù shì wǒ tīng le sān biàn **cái** tīng dǒng
这个故事我听了三遍才听懂。
Tuve que escuchar esta historia tres veces antes de entenderla.

wǒ zhè **cái** fā xiàn wǒ de shǒu biǎo bù zǒu le
我这才发现我的手表不走了。
Fue entonces cuando me di cuenta de que mi reloj no funcionaba.

wǒ men zài zhōng guó **cái** xué xí le yì nián
我 们 在 中 国 才 学 习 了 一 年 ，
hàn yǔ shuǐ píng jiù tí gāo le zhè me kuài
汉 语 水 平 就 提 高 了 这 么 快 ，
zhǔ yào shí yīn wéi wǒ men xué xí dōu hěn nǔ lì
主要时因为我们学习都很努力。
Sólo llevamos un año estudiando en China y nuestro chino ha mejorado muy rápidamente, sobre todo porque todos estamos estudiando mucho.

wǒ yǐ qián yǐ wéi běi jīng huà jiù shì pǔ tōng huà dào běi jīng liǎng nián hòu
我以前以为北京话就是普通话,到北京 两 年 后,
wǒ **cái** fā xiàn bù shì zhè yàng de
我才发现不是这样的。
Solía pensar que el dialecto de Beijing era el mandarín, pero después de dos años en Beijing, me di cuenta de que no lo era.

tā jiǔ diǎn zǎoshàng **jiù** qǐ chuáng le
他九点早上**就**起床了。

Se levanta a las nueve de la mañana.

tā jiǔ diǎn zǎoshàng **cái** qǐ chuáng le
他九点早上**才**起床了。

No se levanta hasta las nueve de la mañana.

yào xiǎng jiǎn féi chénggōng zhǐ néng jiān chí **cái** huì màn màn yǒu xiào guǒ
要想减肥成功，只能坚持，**才**会慢慢有效果。

La única manera de tener éxito en la pérdida de peso es seguir con ella y poco a poco funcionará.

bā diǎn shàng kè tā jiǔ diǎn **cái** qǐ chuáng
八点上课，他九点**才**起床。

Las clases empiezan a las ocho y él no se levanta hasta las nueve.

zuò fēi jī yí gè xiǎo shí **jiù** dào le zuò huǒ chē bā gè xiǎo shí **cái** néng dào
坐飞机一个小时**就**到了。坐火车八个小时**才**能到。

Se tarda una hora en llegar en avión. Se tarda ocho horas en tren en llegar.

lái jī chǎng de lù shàng wǒ **cái** fā xiàn wàng dài hù zhào le
来机场的路上我**才**发现忘带护照了。

De camino al aeropuerto me di cuenta de que había olvidado mi pasaporte.

36.3.1 USO CONJUNTO DE 才 Y 就

Cuando se usan juntos en la misma oración, 才 indica el significado de hace poco y **recientemente** y 就 el significado de **pronto,** de modo que lo que se expresa es que una cosa acaba de ocurrir recientemente, y la otra ha ocurrido poco después.

nǐ cái lái jiù yào zǒu
你才来就要走?
¿Acabas de llegar y ya te vas?

diànyǐng cái kāishǐ nǐ jiù bù xiǎng kàn le
电影才开始你就不想看了?
La película acaba de empezar y ya no quieres seguir viéndola.

tā cái bì yè jiù zhǎodào le zhème hǎo de gōngzuò
他才毕业就找到了这么好的工作?
Se acaba de graduar y ya ha encontrado un trabajo tan bueno.

36.4 DIFERENCIAS DE USO ENTRE 刚 Y 刚才

Aunque ambas expresiones tienen un significado muy parecido e indican que cierta acción se ha producido hace poco o es reciente, **刚才** funciona como una **expresión temporal** mientras que **刚** es un adverbio y como tal debe situarse delante de un verbo o un adjetivo.

gāng	gāng cái
刚	刚才
Acaba de Justo ahora	Acaba de Justo ahora Hace un momento

El **adverbio** 刚 indica que una situación o una acción han sucedido hace muy poco tiempo. Es usado después del sujeto y antes del verbo.

tā	gāng	jié hūn	le
他	刚	结婚	了
Él	Acaba de Justo ahora	Casarse	
Sujeto		*Verbo o Adjetivo*	*Partícula*

wǒ **gāng** cónghuì yǐ shì guò lái　zěn me yí gè rén yě me yǒu

我 **刚** 从会议室过来，怎么一个人也么有。

Justo ahora vengo de la sala de reuniones y no hay nadie.

wǒ men **gāng** dào gōng gòng qì chē zhàn　zhèng hǎo lái le yí liàng chē

我们 **刚** 到公共汽车站，正好来了一辆车。

Acabábamos de llegar a la parada del autobús cuando llegó un coche.

ér zi **gāng** zuò wán zuò yè
儿子 **刚** 做完作业。

Mi hijo acaba de terminar los deberes.

wǒ **gāng** hē wán yì bēi kā fēi
我 **刚** 喝完一杯咖啡。

Acabo de terminar una taza de café.

Observe como su presencia transforma ligeramente el significado de las siguientes oraciones:

_{tā shàng xīng qī jié hūn le}
他 上 星 期 结 婚 了。

Se casó la semana pasada.

_{tā shàng xīng qī **gāng** jié hūn}
他 上 星 期 **刚** 结 婚。

Acaba de casarse la semana pasada.

_{tā shàng gè yuè lái de}
他 上 个 月 来 的。

Llegó el mes pasado.

_{tā shàng gè yuè **gāng** lái de}
他 上 个 月 **刚** 来 的。

Acaba de llegar el mes pasado.

刚 puede aparecer junto a 的时候 para enfatizar que una acción se produce en el momento de otra expresando así el significado de justo cuando o cuando justo.

_{xiǎo hái zǐ **gāng** kāi shǐ **de shí hòu** dōu bù xǐ huān xué xí}
小 孩 子 **刚** 开 始 **的 时 候** 都 不 喜 欢 学 习，
_{hòu lái màn màn jiù xí guàn le}
后 来 慢 慢 就 习 惯 了。

A los niños no les gusta aprender cuando justo acaban de empezar, luego se acostumbran poco a poco.

_{wǒ **gāng** kāi shǐ hàn yǔ **de shí hòu** jué de yǒu diǎn nán}
我 **刚** 开 始 汉 语 **的 时 候**，觉 得 有 点 难。

Cuando empecé con el chino, lo encontré un poco difícil.

Contenidos relacionados

14.17 Indicando cuando con 的时候
36.1 Expresando tan pronto como con 一......就

刚 también se puede **duplicar** y la frase sigue teniendo el mismo significado.

wǒ **gānggāng** kāishǐ hànyǔ de shíhòu　jué de yǒudiǎnnán
我 **刚 刚** 开始汉语的时候，觉得有点难。
Acabo de empezar con el chino y me ha resultado un poco difícil.

wǒ xiàwǔ **gānggāng** mǎi de zhè jiàn yī fú　zěnme zhǎobúdào le
我下午 **刚 刚** 买的这件衣服，怎么找不到了。
Acabo de comprar este vestido esta tarde y no lo encuentro.

wǎnshàng　wǒ **gānggāng** tǎngxià　jiùxiǎngqǐ le qiāoménshēng
晚上，我 **刚 刚** 躺下，就 响 起了敲门声 。
Por la noche, justo cuando me estaba acostando, llamaron a la puerta.

刚 se puede utilizar junto a un complemento de duración, mientras que 刚才 no tiene este uso.

tā 他 Él	gāng 刚	lái 来 Venir	sān tiān 三天 Tres días
Sólo lleva tres días aquí.			
Sujeto	刚	*Verbo o Adjetivo*	*Duración*

tā gāng lái yì huìr ér
他 **刚** 来一会儿。
Lleva poco tiempo aquí.

tā gāng lái yí gè yuè
他 **刚** 来一个月。
Sólo lleva un mes aquí.

Contenidos relacionados

23.1 Expresando la duración de una acción

刚才, que también traducimos por **un momento** actúa como una **expresión de tiempo** en si misma . Por lo tanto se sitúa delante o detrás del sujeto pero siempre **al inicio de la oración**. En los casos que se sitúa detrás del sujeto su posición puede coincidir con la de 刚 pero su función gramatical es diferente:

gāngcái ér zi zài zuò zuò yè
刚才 儿子在做作业。
ér zi gāngcái zài zuò zuò yè
儿子 **刚才** 在做作业。
Ahora mismo mi hijo esta haciendo los deberes.

gāngcái wǒ hē le yì bēi kā fēi
刚才我喝了一杯咖啡。

wǒ **gāngcái** hē le yì bēi kā fēi
我刚才喝了一杯咖啡。

Acabo de tomar una taza de café.

Al contrario que 刚, 刚才 no puede aparecer con otra expresión de tiempo en la misma oración

wǒ shàngwǔ jiè le liǎng běn shū
我上午借了两本书。

Tomé prestados dos libros por la mañana.

wǒ shàngwǔ **gāng** jiè le liǎng běn shū
我上午刚借了两本书。

Acabo de pedir prestados dos libros esta mañana.

~~我上午刚才借了两本书~~

gāngcái wǒ jiè le liǎng běn shū
刚才我借了两本书。

wǒ **gāngcái** jiè le liǎng běn shū
我刚才借了两本书。

Acabo de pedir prestados dos libros.

Contenidos relacionados

14.1 Indicando cuando ocurre una acción

36.5 EXPRESANDO EN ABSOLUTO CON 一点儿....... 也不 Y SUS VARIANTES

Las estructuras que vamos a presentar a continuación se utilizan para **enfatizar negaciones**. Podemos traducirlas utilizando La frases resultantes suelen tener un tono exagerado.

wǒ 我 Yo	yì diǎn ér 一点儿 Un poco	yě dōu 也/都 También / Todo	bù 不 No	lěi 累 Cansado
No estoy ni un poco cansado. / No estoy en absoluto cansado.				
Sujeto	*Adverbio*	*Adverbio*	*Adverbio*	*Adjetivo*

wǒ bù zhāo jí
我不着急
No tengo prisa

wǒ bù lěi
我不累
No estoy cansado.

wǒ **yì diǎn ér yǎ bù** zhāo jí
我一点儿也不着急
No tengo ninguna prisa

wǒ **yì diǎn ér yǎ bù** lěi
我一点儿也不累
No estoy ni un poco cansado.

A la estructura anterior puede añadirle un objeto y resultar algo más preciso. Así, de la oración **No quiero café** 我不要咖啡 si desea enfatizar que no quiere beber ni un sorbo puede expresarlo con las siguientes oraciones:

wǒ 我 Yo	yì diǎn ér 一点儿 Un poco	kā fēi 咖啡 Café	yě dōu 也/都 También / Todo	bù 不 No	yào 要 Querer
No quiero nada de café.					
Sujeto	*Adverbio*	*Objeto*	*Adverbio*	*Adverbio*	*Verbo*

wǒ **yì diǎn ér** kā fēi **yě bú** yào
我**一点儿**咖啡**也不**要。
No quiero nada de café.

wǒ **yì diǎn ér** kā fēi **dōu bú** yào hē
我**一点儿**咖啡**都不**要喝。
No quiero beber ni un poco de café.

Una variante de esta estructura también utilizada habitualmente consiste en desplazar el objeto de la oración como **tema** al inicio de la oración.

kā fēi wǒ **yì diǎn ér dōu bú** yào hē
咖啡我**一点儿都不**要喝。
No quiero beber ni un poco de café.

zhè shì ér tā hǎo xiàng **yì diǎn ér yě bù** zhī dào
这事儿他好像**一点儿也不**知道。
No parecía saber nada al respecto.

wǒ	yí		jù	huà	yě / dōu	bù	xiǎng	shuō
我	一		句	话	也/都	不	想	说
Yo	Un poco		Palabra		También / Todo	No	Querer	Decir / Hablar
No quiero decir ni una sola palabra.								
Sujeto			Clasificador	Objeto	Adverbio	Adverbio	Verbo	Verbo

En lugar de 一点儿 puede utilizar un clasificador propio del objeto:

wǒ yí gè píngguǒ yě bù xiǎngchī
我一个苹果也不想吃。
No quiero comer ni una sola manzana.

wǒ yì kǒupíngguǒ yě bù xiǎngchī
我一口苹果也不想吃。
No quiero ni un bocado de manzana

shǒujī diànnǎo dì tú nǐ yí gè yě bù néngshǎodài
手机，电脑，地图，你一个也不能少带。
El teléfono, el ordenador, los mapas, no puedes dejarte ninguno de ellos.

wǒ yí jù huà yě bù xiǎngshuō
我一句话也不想说
No quiero decir ni una sola palabra.

También puede encontrar la misma estructura con 没有

zhè ge xīngqī wǒ hěnmáng yì diǎnshí jiānyě méiyǒu
这个星期我很忙，一点时间也没有
He estado muy ocupado esta semana y no he tenido nada de tiempo.

tā yì diǎn érxìnyòngdōuméiyǒu
他一点儿信用都没有。
No tiene ningún crédito.

zhè ge xīngqī wǒ hěn máng　　wǒ **yì diǎn ér** shíjiān **yě méiyǒu**
这个星期我很忙，我**一点儿**时间**也没有**。

He estado tan ocupado esta semana que no he tenido ni un minuto.

wǒ zhè bèizi **yì cì** zhài dōu méiyǒu jiè guò
我这辈子一次债都没有借过。

No he pedido prestado ni una sola vez en mi vida.

jīntiān zǎoshàng wǒ **yì bēi** kāfēi dōu méi hē
今天早上我一杯咖啡都没喝。

No he tomado una taza de café esta mañana.

zhè ge xīngqī wǒ hěn máng　　wǒ **yì fēnzhōng** shíjiān **yě méiyǒu**
这个星期我很忙，我**一分钟**时间**也没有**。

He estado ocupado esta semana, no he tenido ni un minuto.

dòngwù yuán lǐ **yí gè rén** yě méiyǒu
动物园里一个人也没有。

No había ni una sola persona en el zoo.

36.6 LOCUCIONES ADVERBIALES DE MODO Y COMPLEMENTOS DE MODO

Las locuciones adverbiales de modo en chino son expresiones que ofrecen información sobre la manera en que se realiza una acción o el estado expresado en el verbo. Estas locuciones suelen aparecer justo **delante del verbo**, aunque también pueden colocarse al principio de la frase. Además, pueden incluir información sobre el tiempo y el lugar en que ocurre la acción. También pueden expresar la actitud del hablante hacia la acción. Aunque nos encargaremos de ellas en el siguiente punto gramatical observe que se forman añadiendo la partícula 地.

tā **rènzhēn de** xuéxí zhōngwén
他**认真地**学习中文。

Él estudia chino diligentemente.

zuótiān zài túshūguǎn **ānjìng de** dúshū
昨天在图书馆**安静地**读书。

Ayer, en la biblioteca, estudié en silencio.

tā kāixīn de chànggē

他开心地唱歌。

Él canta alegremente.

mànmàn de zǒulù

慢慢地走路。

Caminar lentamente.

Contenidos relacionados

36.7 Formando locuciones adverbiales añadiendo la partícula 地

En chino existe una ligera **diferencia de significado** entre la locución adverbial de modo y el complemento de manera. La **locución adverbial de modo** se sitúa delante del verbo su significado esta relacionado con el **comportamiento** o la **intención**, mientras que el **complemento de modo** se sitúa detrás de este y esta más relacionado con la **manera** y el **resultado** del verbo de acuerdo con la evaluación del resultado por parte de una **tercera persona**.

Veamos un ejemplo:

tā hěn kuài de pǎo zhe
他很快地跑着
El corría muy rápidamente

tā pǎo de hěn kuài
他跑得很快
Corrió muy rápido

La primera oración formada con una locución adverbial de modo podría indicar que tenia la intención de correr muy rápidamente mientras que la segunda, formada con un complemento de modo indica por ejemplo la impresión que dio a mi viéndolo. Veamos otro ejemplo:

wǒ chī de màn
我吃得慢。
Como lentamente

wǒ màn màn de chī
我慢慢地吃。
Como despacio.

La primera oración nos sugiere que es muy lento mientras come. Hace simplemente referencia a un hábito y a un comportamiento. La segunda oración, que bien hubiéramos podido traducir igual en español, sugiere por ejemplo que dispone de mucho tiempo y se encuentra en un relajado u ocioso.

Como verá en breves en ocasiones 地 puede ser omitido. En este caso concreto se introduce un significado de con cuidado o con atención.

zhè ge yú yǒu hěn duō cì   yào màn màn chī
这个鱼有很多刺，要慢慢吃。
Este pez tiene muchas espinas, así que cómetelo despacio.

nǎi nǎi chī de hěn màn   yīn wéi tā méi yǒu yá
奶奶吃得很慢，因为她没有牙。
La abuela come muy despacio porque no tiene dientes.

Normalmente, cuando un verbo va precedido de una locución adverbial de modo, a menudo le sigue algún otro elemento, ya que en chino, el verbo no puede aparecer solo al final de una oración, debe ir acompañado por otros elementos, como complementos, partículas u otros componentes gramaticales, para formar una estructura de oración completa.

tā kuài sù de pǎo xiàng xué xiào
他快速地跑向学校。
Él corre rápidamente hacia la escuela.

tā nǔ lì de xué xí le yì zhěng tiān
她努力地学习了一整天。
Ella estudió diligentemente durante todo el día.

A excepción de frases imperativas donde 地 es omitido y, o bien se duplica el adjetivo para formar una construcción adverbial bisilábica o esta se extiende usando 点儿 o 些.

màn màn chī
慢慢吃
Come con calma

hǎo hǎo shuì
好好睡
Duerme bien

kuài diǎn ér
快点儿
Date prisa

36.7 *FORMANDO LOCUCIONES ADVERBIALES AÑADIENDO LA PARTÍCULA* 地

Es posible formar una locución adverbial de modo que describa la manera, el humor o el método de una acción a partir de un adjetivo añadiendo la partícula 地.

Este modo de formar locuciones de modo es equivalente al uso del sufijo **-mente** en español. La locución adverbial de modo formada de este modo se sitúa delante del verbo.

nǐ	gāo xìng	de	xué xí	hàn yǔ
你	高兴	地	学习	汉语
Tú	feliz	-mente	estudias	chino
Estudias chino felizmente.				
Sujeto	Adjetivo		Verbo	C. Directo

tā yòngxīn de zuòliànxí
他**用心地**做练习.

Hace los ejercicios con el corazón.

lǎoshī yīnggāi **rènzhēn de** jiǎngkè
老师应该**认真地**讲课。

El profesor debería dar la clase diligentemente.

wǒ mèimei **dà shēng de** chàng gē
我妹妹**大声地**唱歌。

Mi hermana pequeña canta muy fuerte.

tā rè qíng de jiē dài wǒ mén
他**热情地**接待我们。

Él nos ha tratado amablemente.

Cuando el adjetivo es monosilábico este aparece como norma general **duplicado**:

qǐng nǐ **màn màn de** zǒu
请你**慢慢地**走。

Por favor, camina despacio.

tā **qīng qīng de** qiāo mén
他**轻轻地**敲门

Golpea suavemente la puerta

Tenga en cuenta que algunos adverbios siguen este patrón pero no proceden de adjetivos monosilábicos, no siendo posible utilizar 偷, 默 o 渐 como adjetivos y sin embargo utilizar las siguientes.

tōu tōu **de**
偷偷**地**

Sigilosamente

mò mò **de**
默默**地**

Silenciosamente

jiàn jiàn **de**
渐渐**地**

Poco a poco.

Cuando el adjetivo tiene dos silabas también es posible duplicarlo:

tā **yòng yòng xīn xīn de** zuò liàn xí
他**用用心心地**做练习。

Hace los ejercicios con "el corazón"/ diligentemente.

tā **gāo gāo xìng xìng de** shuō   nǐ hǎo
他**高高兴兴地**说 "你好!"

Dice "Hola" muy alegremente.

Verá más modos de formar locuciones adverbiales y más ejemplos en los siguientes puntos gramaticales:

Contenidos relacionados

37.1.2 La reduplicación compleja de los clasificadores con valor distributivo
37.4 La reduplicación de los adjetivos predicativos

Del mismo modo la partícula 地 puede aparecer detrás de cualquier sintagma adjetival y hacer que este funcione como un adverbio.

duō kàn diànshì jiù néng **gènghǎo de** tí gāo hànyǔ shuǐpíng
多看电视就能 **更好地** 提高汉语水平。

Si ve más televisión, podrá mejorar su chino.

tā hái yào **gèngduō de** liànxí
他还要 **更多地** 练习。

También tiene que practicar más.

Muchas veces los adjetivos monosilábicos aparecen sin duplicar y sin la partícula 地 en ciertas expresiones coloquiales, principalmente oraciones imperativas. Es el caso de adverbios como 多, 少, 快, 慢, 早 y 晚 se pueden colocar delante del verbo sin usar la partícula.

màn zǒu	**zǎo huí jiā**	**duō xiè**	**kuài zǒu**	**shǎo chī ba**
慢走	**早**回家	**多**谢	**快**走!	**少**吃吧
(Vaya despacio)	Vuelve a casa	Muchas gracias	¡Camina rápido!	¡Come menos!
Cuídate.	pronto			

qǐng mànchī

请，慢吃。

Por favor, come despacio.

jīntiānnǐ zǎoyì diǎnqǐ lái le

今天你早一点起来了。

Hoy te levantaste un poco más temprano.

nǐ yīnggāiduō shuōhànyǔ

你应该多说汉语

Deberías hablar más en chino.

kuàipǎo mǎ shàngyàoxià yǔ le

快跑，马上要下雨了

Corre rápido, pronto va a llover.

kuàiqǐ lái

快起来

¡Levántate rápido!

duōbǎozhòng

多保重

Tengan cuidado.

Aunque también puede encontrar monosilábicos con partícula o en algunas expresiones coloquiales puede aparecer duplicado con la partícula de omitida.

tā kuài de zǒu
他快地走。
Él camina velozmente.

mànmànchī
慢慢吃。
Come lentamente.

mànmànzǒu
慢慢走
(Vaya despacio) Cuídate.

En algunas ocasiones puede encontrar el adjetivo situado justo antes del verbo y actuando como adverbio sin usar la partícula 地:

nà ge xuéshēngnǔ lì xué xí

那个学生努力学习。

Ese alumno estudia con diligencia.

Todos estos cambios a la norma general son en muchas ocasiones debidos a cuestiones de **ritmo** en la frase que con el tiempo podrá percibir y adaptar su discurso a ellos.

36.8 EXPRESANDO DE MÁS O DE MENOS CON 多 Y 少

多 y 少 situados justo **delante del verbo** indican que la acción en cuestión se ha hecho **de más** o **de menos**.

zhè ge xué shēng **shǎo** xiě le wǔ gè zì
这个学生 少写了五个字。
Este estudiante ha escrito 5 caracteres de menos.

nǐ **duō** chī yì diǎn ér ba
你多吃一点儿吧！
¡Come un poco más!

nǐ yào **duō** xiě yì diǎn ér
你要多写一点儿。
Tienes que escribir un poco más.

nǐ yào **shǎo** xué xí
你要少学习。
Debes estudiar menos.

nǐ yīng gāi **shǎo** gōng zuò
你应该少工作。
Debes trabajar menos.

nǐ **duō** fù le tā yī kuài qián
你多付了他一块钱。
Le has pagado un kuai de más.

36.9 EXPRESANDO COMO MÍNIMO Y AL MENOS CON 少说

La expresión 少说 se utiliza en chino para expresar la idea de como mínimo o al menos en el sentido de establecer un valor mínimo o una estimación conservadora. Esta expresión se emplea para indicar que la cantidad mencionada es la más baja o el mínimo aceptable en una situación dada.

shǎo shuō

少说

Como mínimo

jīn tiān lái de rén hěn duō　　shǎo shuō　yě yǒu liǎng qiān rén
今天来的人很多，少说也有两千人。

Hoy había mucha gente aquí, al menos dos mil.

zhè zhǒng shù zhēn lǎo　　shǎo shuō　yě yǒu wǔ bǎi nián le
这种树真老，少说也有五百年了。

Este árbol es muy viejo, tiene al menos quinientos años.

36.10 EXPRESANDO COMO MÍNIMO Y AL MENOS CON 至少

至少 tiene el mismo significado y se utiliza de un modo análogo a 少说

zhì shǎo

至少

Como mínimo

wǒ men wǎn shàng **zhì shǎo** yīng gāi shuì qī gè xiǎo shí

我们晚上**至少**应该睡七个小时。

Deberíamos haber dormido al menos siete horas por la noche.

tā **zhì shǎo** chī le gè bāo zǐ

他**至少**吃了6个包子。

Se comió al menos seis bollos.

36.11 EXPRESANDO UN POCO CON 稍微

El adverbio 稍微 expresa el significado de **un poco** o **ligeramente**. Esta expresión se utiliza para describir una cantidad, grado o cambio pequeño en una acción o situación.

shāo wēi

稍微

Un poco
Ligeramente

chá de wèi dào shāo wēi yǒu diǎn ér kǔ

茶的味道**稍微**有点儿苦

El té tiene un sabor ligeramente amargo

shāo wēi děng děng

稍微 等 等

Espera un poco

nǐ zài shāo wēi děng děng tā mǎ shàng jiù lái

你在**稍微** 等 等，他马上就来。

Si esperas un poco, llegará pronto.

tā men míng tiān shāo wēi zǎo yì diǎn ér guò lái

他们明天**稍微**早一点儿过来。

Estarán aquí un poco más temprano mañana.

37 La REDUPLICACIÓN

Aunque algunos de los puntos gramaticales que trataremos a continuación ya se han discutido con anterioridad, dedicamos los siguientes puntos a recopilar todos los modos en que el chino utiliza el recurso de la **reduplicación**.

Contenidos relacionados

37.1 La reduplicación de los clasificadores
37.2 La reduplicación de los sustantivos
37.3 La reduplicación del verbo
37.4 La reduplicación de los adjetivos predicativos

37.1 La REDUPLICACIÓN DE LOS CLASIFICADORES

Podemos encontrar varias estructuras que utilizan el recurso de la duplicación de los clasificadores. Se presentan en los siguientes puntos.

Contenidos relacionados

37.1.1 La reduplicación simple de los clasificadores
37.1.2 La reduplicación compleja de los clasificadores con valor distributivo

37.1.1 LA REDUPLICACIÓN SIMPLE DE LOS CLASIFICADORES

El primer caso de reduplicación que veremos es el más simple de todos, constituido por un clasificador seguido de otro clasificador:

jiā 家	jiā 家	fàn guǎn 饭馆	dōu 都
Todos los restaurantes			
Clasificador	*Clasificador*	*Nombre*	*Adverbio*

La reduplicación simple de los clasificadores subraya el **valor colectivo de un nombre** y solemos traducirla por **todos**. Esta reduplicación siempre se sitúa en el segmento de oración que precede al verbo. Por lo general, a los clasificadores reduplicados de este modo les sigue el adverbio 都. Recuerde que si la segunda oración tiene sujeto este se situará delante de 都.

同学个个都很高兴
Los estudiantes estaban muy contentos.

间间屋子他都打扫了。
Ha limpiado todas las habitaciones.

座山上的个个羊都很胖。
Todas las ovejas de esa montaña son gordas.

在那家学校学习的个个学生他都认识。
Él conoce a todos los alumnos de esa escuela.

鲁迅写的本本小说他都看过。
Ha leído todas las novelas que escribió Lu Xun.

这个商店的衣服件件都很漂亮
Toda la ropa de esta tienda es preciosa

我特别喜欢去学校门口附近那个饭馆，那里的菜个个都好吃。
Me gusta especialmente ir al restaurante cercano a la escuela, donde la comida es toda buena.

书店里卖的小说本本都很有名，我们都非常喜欢看。
Todas las novelas que se venden en la librería son muy famosas y a todos nos gusta mucho leerlas.

做好小事是完成大事的第一步，因此，件件小事都应该被看成是一次学习的机会。
Hacer bien las cosas pequeñas es el primer paso para lograr las grandes, así que cada cosa pequeña debe verse como una oportunidad para aprender.

Observe que la construcción 每 ... 都 ... tiene el mismo valor que la reduplicación simple, indica la **totalidad sin excepción de algo** y es traducida como cada o todos.

jiànjiànyī fú dōutàidà le
件件衣服都太大了
Todas las prendas son demasiado grandes.

měijiànyī fú dōutàidà le
每件衣服都太大了
Todas las prendas son demasiado grandes.

Las estructuras que emplean clasificadores duplicados, al igual que las que emplean sustantivos, únicamente pueden ser usadas **como sujeto o como complemento de nombre**.

jiàn jiàn yī fú dōudà le
件 件 衣服都大了

Todas las prendas son demasiado grandes

tā men **gè gè dōu** xǐ huān yòng kuài zǐ
他们**个个都**喜欢 用 筷 子。

A todos les gusta usar palillos

Esta construcción no puede actuar como objeto. Recuerde que puede utilizar 每 cuando sea el caso:

~~我喜欢这个作家写的本本小说~~

wǒ xǐ huān zhè ge zuò jiā xiě de **měi** běn xiǎo shuō
我喜欢 这个 作家 写 的 **每** 本 小 说。

Me encantan todas las novelas de este escritor.

我喜欢这商店的件件衣服
wǒ xǐ huān zhè shāngdiàn de měi yī fú
我喜欢这商店的**每**衣服。

Me encantan todos los vestidos de esta tienda.

Contenidos relacionados

7.7 Expresando cada y todo con 每

Expresiones temporales

Recuerde que existen ciertos sustantivos que expresan duraciones temporales, como 天 o 年, que también pueden actuar como clasificadores. Trataremos su uso en el punto gramatical dedicado a la reduplicación de los sustantivos. La expresión resultante nos indicará la frecuencia de la acción:

tā tiān tiān dōu dǎ tài jí quán
他**天天都**打太极拳。

Hace taichi todos los días

Contenidos relacionados

La reduplicación de los sustantivos

37.1.2 LA REDUPLICACIÓN COMPLEJA DE LOS CLASIFICADORES CON VALOR DISTRIBUTIVO

Existen otros tipos de reduplicación donde los clasificadores se combinan junto al carácter 一. En este tipo de estructuras se enfatiza el **valor distributivo** de los clasificadores.

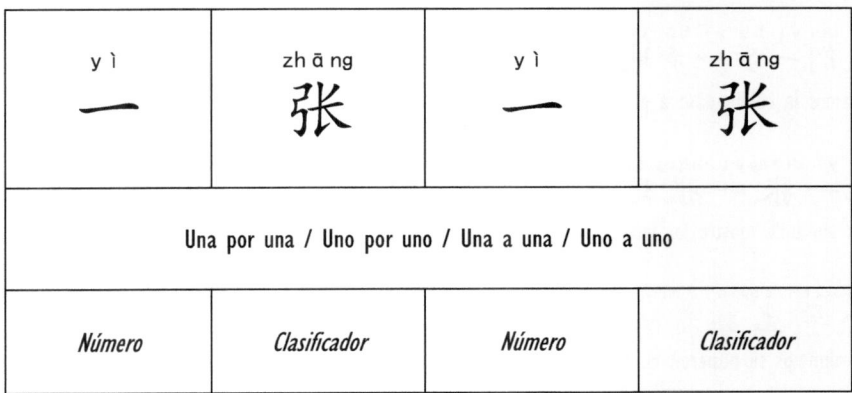

yì 一	zhāng 张	yì 一	zhāng 张
Una por una / Uno por uno / Una a una / Uno a uno			
Número	*Clasificador*	*Número*	*Clasificador*

Cuando se usa esta estructura, los clasificadores así reduplicados van seguidos de la partícula 的 si se sitúan delante de un nombre o bien seguidos de la partícula 地 si se sitúan delante de un verbo.

yì zhāng yì zhāng 一张一张	**de** 的	zhàopiàn 照片
Las fotos una por una		
Reduplicación compleja	*Part.*	*Nombre*

yì bù yì bù 一步一步	**de** 地	tígāo 提高
Mejorar paso a paso		
Reduplicación compleja	*Part.*	*Verbo*

zhuōzǐ shàngfàng zhe **yì zhāng yì zhāng de** zhàopiàn
桌子上放着**一张一张的**照片。
En la mesa están dispuestas una por una las fotos.

学生的汉语水平**一步一步地**提高了。

El nivel de chino de los alumnos, paso a paso, ha mejorado.

Ambas formas se usan como locuciones adverbiales y expresan el modo en el que se realiza una acción

我们**一步一步地**往上爬山吧

Subamos la colina paso a paso.

他**一张一张地**把照片给大家看

Una por una, mostró las fotos a todos

小学生排着队，**两个两个地**走进。

Los alumnos se pusieron en fila y entraron de dos en dos.

一棵一棵的小树种得多整齐

Con qué pulcritud se plantan uno por uno los pequeños arboles.

一盘一盘的水果放在桌子上

Platos y platos de fruta en la mesa.

一个一个的问题都回答对了

Una a una las preguntas son contestadas correctamente.

学生**一个一个地**进入教室了

Los alumnos han entrado de uno en uno en el aula.

O bien se utiliza :

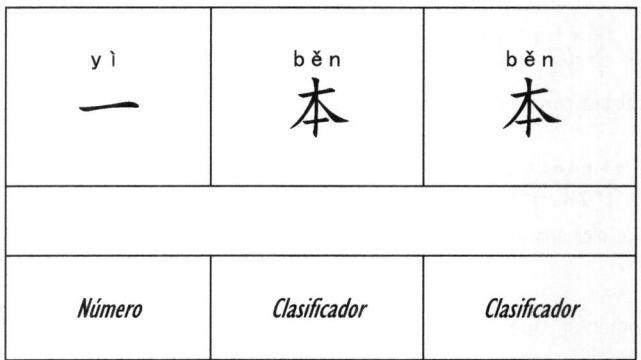

yì 一	běn 本	běn 本
Número	*Clasificador*	*Clasificador*

Cuando se usa esta segunda estructura, los clasificadores van seguidos del adverbio 都, que puede omitirse.

jiè zhǐ zhī wáng　　de xiǎoshuō　　wǒ **yì běn běn dōu** kànguò
《戒指之王》的小说，我一本本都看过。
He leído una a una todas las novelas del Señor de los Anillos.

tiān **yì diǎn diǎn** hēi le
天一点点黑了。
Poco a poco se hizo de noche.

Otro modo de reduplicación compleja de los clasificadores consiste en utilizar la siguiente estructura:

yì 一	gè 个	cí 词	yì 一	gè 个	cí 词	de 地
Palabra por palabra						
Número	*Clasificador*	*Nombre*	*Número*	*Clasificador*	*Nombre*	*Part.*

Esta estructura aparece únicamente antes del verbo y va seguida de la partícula 地.

nǐ yīnggāi yí gè cí yí gè cí de fānyì
你应该一个词一个词地翻译。

Debes traducir palabra por palabra.

nǐ bì xū yí gè hànzì yí gè hànzì de bèi xià lái nà shǒu shī
你必须一个汉字一个汉字地背下来那首诗。

Debes aprender de memoria esa poesía carácter por carácter.

Por último, comentar que para enfatizar en mayor grado el valor distributivo de los clasificadores, también puede utilizarse la siguiente estructura formada con 又:

yì	遍	yòu 又	yì	遍
Número	*Clasificador*	*又*	*Número*	*Clasificador*

Observe que al igual que la estructura anterior, esta estructura aparece únicamente antes del verbo y va seguida de la partícula 地.

wèi le xué huì zhōngwén   wǒ men yào yì biàn yòu yì biàn de xiě hànzì
为了学会中文，我们要一遍又一遍地写汉字。

Para aprender chino, no debemos escribir los caracteres radical por radical.

wèntí yí gè yòu yí gè de jiějué le
问题一个又一个地解决了

Uno a uno, los problemas se han resuelto.

37.2 LA REDUPLICACIÓN DE LOS SUSTANTIVOS

Hay sustantivos que no admiten clasificadores tras ellos ya que ellos mismos actúan como clasificador. Por este motivo, estos sustantivos pueden reduplicarse usando la reduplicación simple, expresando así el significado de **cada** o **todos**.

Muchos de ellos son expresiones temporales, tales como:

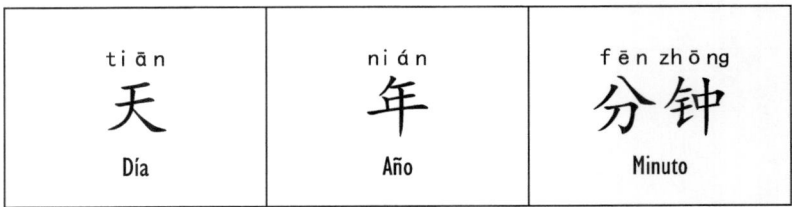

tiān 天 Día	nián 年 Año	fēn zhōng 分钟 Minuto

xué shēng **tiān tiān dōu** lái shàng kè
学生 **天天都** 来上课。

Los alumnos vienen cada día a clase.

tiān tiān dōu wǒ men qù nà jiā kā fēi guǎn
天天都 我们去那家咖啡官。

Todos los días vamos a ese café.

zhàng fū **yuè yuè dōu** bǎ gōng zī jiāo gěi qī zǐ
丈夫 **月月都** 把工资交给妻子

El marido le da a su mujer su salario cada mes.

zhè ge huó dòng **yuè yuè dōu** yǒu
这个活动 **月月都** 有。

Esta actividad se realiza cada mes.

221

nián nián yǒu yú

年年有鱼

Que cada año haya pescado

鱼 con el significado de **pez** es homófono de 余 carácter que significa **abundancia**. Así es frecuente decorar con estos animales las casas. También es una de las razones por las que en la mesa de Año Nuevo no puede faltar el pescado. De este juego de palabras viene la expresión 年年有余 (que cada año haya abundancia) que a veces se escribe 年年有鱼 (que cada año haya pescado).

Por norma general, la reduplicación de sustantivos puede realizarse cuando se reduplican sustantivos monosilábicos con coherencia y sentido lógico. Algunos de los sustantivos que admiten este uso son:

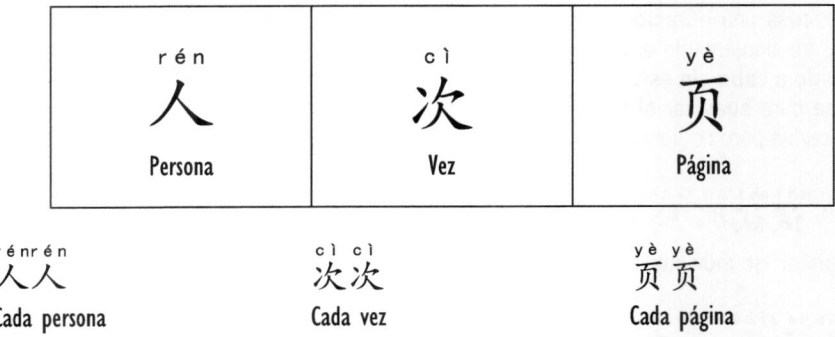

rén	cì	yè
人	次	页
Persona	Vez	Página

rénrén
人人
Cada persona

cìcì
次次
Cada vez

yèyè
页页
Cada página

Del mismo modo que sucede con los clasificadores, los nombres duplicados indican la totalidad sin excepción de algo. Solo es posible usarlos si la estructura resultante de la duplicación actúa como **sujeto** o como **complemento de nombre**.

rénrén dōu bú huì shǐ yòng shǒu jī
人人都不会使用手机
Todo el mundo no sabe utilizar un teléfono móvil.

No puede actuar como objeto de la oración:

~~我告诉人人~~
Se lo dije a todo el mundo.

guò nián de shí hòu jiā jiā hù hù dōu yào fàng pào
过年的时候家家户户都要放炮
En Nochevieja todas las familias tienen que tirar petardos.

223

37.3 LA REDUPLICACIÓN DEL VERBO

Como vimos en el segundo volumen los verbos también pueden reduplicarse en chino. Cuando se efectúa la reduplicación, la **intensidad** de los verbos de acción **disminuye**, o bien, expresa una **duración breve de la acción**. Si la acción no ha ocurrido todavía o se produce frecuentemente la aparición del verbo duplicado implica frecuentemente que esta se ha **llevado a cabo sin esfuerzo** o bien que se realiza solo **para probar** algo. Muchas veces se utiliza para **suavizar el tono** y resultar educado, es solo un modo de decir las cosas y comunicarlas pero no tiene nada que ver con el aspecto puntual de la acción o su intensidad.

wǒ xiǎng **shì shì** nà liàng xīn chē
我 想 **试试** 那 辆 新车。
Quiero probar ese coche nuevo.

tā **xiào le xiào** méi yǒu wèn rèn hé wèn tí
他 **笑了笑**, 没有问任何问题。
Sonrió, sin hacer preguntas.

tài lèi le wǒ men **xiū xī xiū xī** ba
太累了, 我们 **休息休息** 吧。
Estoy muy cansado, descansemos un poco.

wǒ men zuó tiān **guàng le guàng jiē**
我们昨天 **逛了逛街**。
Ayer hicimos algunas compras.

Contenidos relacionados

23.1.4 Expresando acciones cortas mediante la duplicación del verbo
25.1.1 La forma reduplicada de los verbos divisibles

37.4 LA REDUPLICACIÓN DE LOS ADJETIVOS PREDICATIVOS

A diferencia de lo que ocurre con los verbos, cuando se reduplican los adjetivos predicativos se produce una **acentuación de su valor**. El adjetivo duplicado indica mayor grado que si aparece sin duplicar.

hóng huā
红花
Flores rojas

hóng hóng de huā
红红的花
Flores rojo intenso.

Otros ejemplos formados del mismo modo son:

chángcháng de lǜ yè
长 长 的绿叶
Hojas largas y verdes

chángcháng de tóufà
长 长 的头发
Cabellos larguísimos.

yuányuán de liánhuā
圆 圆 的莲花
Flores de loto perfectamente redondas.
.

xiǎoxiǎo de zuǐ
小 小 的嘴。
Boca muy pequeña

Son escasos los adjetivos predicativos de dos sílabas que permiten la reduplicación. Siguen la siguiente estructura y aparecen listados a continuación:

gāo 高	gāo 高	xìng 兴	xìng 兴
Muy feliz / Felicísimo			
Carácter 1	Carácter 1	Carácter 2	Carácter 2

tòngtòngkuàikuài
痛痛快快
Contentísimo, Alegrísimo

gāngānjìngjìng
干干净净
Limpísimo

piàopiàoliàngliàng
漂漂亮亮
Bellísima

zhěngzhěngqíqí
整整齐齐
Ordenadísimo

rè nrè nzhē nzhē n

认认真真

Diligentísimo

rè rè nào nào

热热闹闹

Ruidosísimo

shù nshù n lì lì

顺顺利利

Suavísimo

shū shu fú fú

舒舒服服

Comodísimo

qī ngqī ngchǔ chǔ

清清楚楚

Clarísimo

kuà ikuà i lè lè

快快乐乐

Felicísimo

jiǎ njiǎ ndā ndā n

简简单单

Simplísimo

zǐ zǐ xì xì

仔仔细细

Detalladisimo

Recuerde que los adjetivos reduplicados pueden usarse como locuciones adverbiales de modo seguidos de la partícula 地 y de un verbo, como se vio en un punto anterior.

tā **shū shu fú fú de** zuò zà ishā fā shà ng

他**舒舒服服地**坐在沙发上。

Está sentado en el sofá muy estirado.

tā de lǎ oshī **zǐ zǐ xì xì de** gǎ izhè ngkǎ oshì

她的老师**仔仔细细地**改正考试。

Su profesora corrige los exámenes muy detalladamente.

Contenidos relacionados

36.7 Formando locuciones adverbiales añadiendo la partícula 地

Los adjetivos reduplicados de este modo puede funcionar como modificadores de un atributo o como predicados y tienen una función descriptiva. Cuando funcionan como predicados 的 aparece al final de la frase.

gū niá ng de tóufà **chá ngchá ng de**   gè zǐ **gā ogā o de**

姑娘的头发**长长的**，个子**高高的**。

La chica tiene el pelo largo y es alta.

227

shū fáng lǐ **gāngānjìngjìng de**
书房里干干净净的

El estudio está limpio y seco

tā de nánpéngyǒugè zǐ **gāogāo de**
她的男朋友个子高高的

Su novio es alto

Añadimos entonces una nueva estructura que puede realizar funciones de predicado a las ya conocidas. Observe como todas las oraciones que siguen a continuación tienen la misma función y son gramaticalmente correctas:

nǐ nǚ érhěnpàng
你女儿很胖

Tú hija está gorda

nǐ nǚ érshìpàng de
你女儿是胖的

Tú hija está gorda

nǐ nǚ érpàngpàng de
你女儿胖胖的

Tú hija es gordita

tā de tóufà hěnhēi
她的头发很黑

Su cabello es muy negro.

tā de tóufà shìhēisè
她的头发是黑色
de
的

Su pelo es negro.

tā de tóufà hēihēi de
她的头发黑黑的

Su pelo es oscuro.

zhè ge dàngāohěntián
这个蛋糕很甜

Este pastel es dulce.

zhè ge dàngāoshì tián
这个蛋糕是甜
de
的

Este pastel es dulce.

zhè ge dàngāotiántián
这个蛋糕甜甜
de
的

Este pastel es dulce.

Simplemente recuerde no utilizar el verbo 是 en esta nueva estructura:

这个蛋糕是甜甜的

Contenidos relacionados

6.2.1 Cuando no se debe usar el verbo 是 . El adverbio de grado 很
18.2 La estructura 是......的

38 CONJUNCIONES PARALELAS

Las estructuras paralelas en el idioma chino son una característica gramatical notable y versátil que se utiliza para expresar una serie de ideas de manera equilibrada y enfatizar la relación entre diferentes partes de una oración. Estas estructuras se basan en la repetición de elementos gramaticales, como palabras o frases. En las estructuras paralelas, una parte de la oración se refleja o repite de manera similar o idéntica en otra parte de la misma oración, creando una **simetría estructural** que enfatiza la relación entre las ideas presentadas. Anteriormente ya han aparecido algunas estructuras paralelas tales como:

tā menzàiyìqǐ de shíhòu**yǒushíhòu**hěnkāixīn　　**yǒushíhòu**huìchǎojià

他们在一起的时候**有时候**很开心，**有时候**会吵架。

Cuando están juntos a veces son felices, a veces se pelean.

Contenidos relacionados

23.2.3 Expresando a veces son 有时候。。。。。。有时候

En este capítulo veremos algunas más:

Contenidos relacionados

38.1 Expresando acciones simultaneas con 一边...... 一边....
38.2 Expresando por un lado por otro lado con 一方面......另一方面
38.3 Unir dos adjetivos con la estructura 又...... 又......
38.4 Expresando unos ... los otros... con 有的...... 有的
38.5 Expresando cada vez más con la estructura 越来越......
38.6 Expresando cuanto más ... más con 越... 越 ...

38.1 EXPRESANDO ACCIONES SIMULTANEAS CON 一边...... 一边......

La estructura 一边...... 一边..... se utiliza para expresar **acciones simultaneas**. Como puede observar esta estructura es muy simple, el sujeto de las acciones se emplaza al principio de la oración y se utiliza dos o más veces 一边 para introducir las acciones que se están llevando a cabo de manera simultanea.

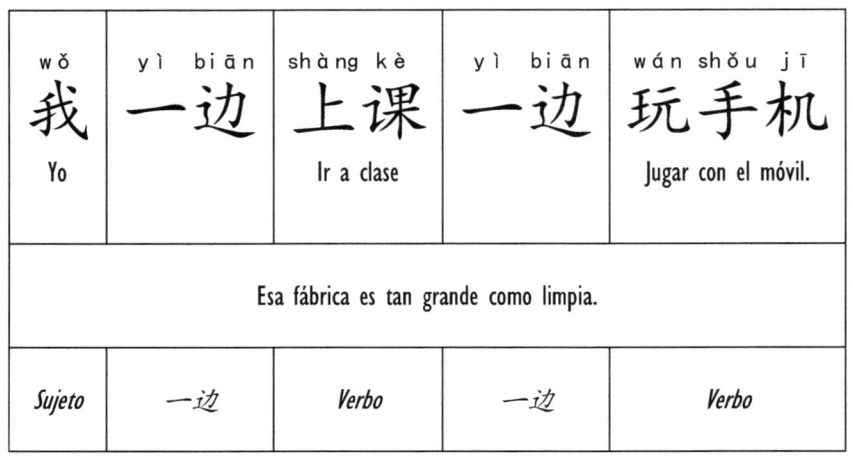

wǒ 我 Yo	yì biān 一边	shàng kè 上课 Ir a clase	yì biān 一边	wán shǒu jī 玩手机 Jugar con el móvil.
Esa fábrica es tan grande como limpia.				
Sujeto	*一边*	*Verbo*	*一边*	*Verbo*

En todos los ejemplos que siguen 一边 ...... 一边...... se utiliza para enfatizar que las acciones se realizar simultaneamente.

wǒ xǐ huān **yì biān** kàn diàn shì **yì biān** zuò fàn
我喜欢**一边**看电视，**一边**做饭。
Me gusta hacer la comida mientras miro la TV.

nǐ ne nǐ **yì biān** zuò fàn **yì biān** xǐ huān zuò shén me
你呢? 你**一边**做饭，**一边**喜欢做什么?
¿Y tú? ¿Mientras cocinas qué te gusta hacer?

tā men **yì biān** gōng zuò **yì biān** liáo tiān ér
他 们 一 边 工 作 ， 一 边 聊 天 儿 。
tā méi yǒu wǒ nà me yòng gōng
他没有我那么用工!
Mientras trabaja, habla. No es tan trabajador como yo.

zài wǒ de jiā wǒ **yì biān** xǐ zǎo **yì biān** chàng gē
在我的家我**一边**洗澡， 一边 唱 歌!
En mi casa mientras me ducho cantos!

wǒ de jí tā lǎoshī shì zhōngguó rén zhèyàng wǒ **yì biān** liàn xí zhōngwén **yì biān**
我的吉他老师是 中 国人, 这样我**一边**练习 中 文**一边**
xué dàn jí tā
学弹吉他
Mi profesor de guitara es chino, así mientras practico chino aprendo a tocar la guitarra

tā hěn nǔ lì　**yì biān** zuò fàn　**yì biān** tīng zhōng wén lù yǐng
他很努力，**一边** 做饭，**一边** 听 中 文 录影！

Él se esfuerza mucho, mientras cocina escucha grabaciones en chino.

zuò yú jiā de shí hòu bú yào **yì biān** liàn xí　　**yì biān** xiǎng bié de dōng xī
做瑜珈的时候不要**一边** 练习，　**一边** 想别的东西！

Mientras se hace yoga no se debe practicar y a la vez pensar en otras cosas.

bú yào **yì biān** chī fàn **yì biān** kàn diàn shì　zhè bù shì yí gè hǎo xí guàn
不要**一边** 吃饭**一边** 看电视，这不是一个好习惯。

No comas viendo la tele, es una mala costumbre.

wǒ xǐ huān **yì biān** tīng yīn yuè **yì biān** xué xí
我喜欢 **一边** 听音乐**一边** 学习。

Me gusta escuchar música mientras estudio.

Cuando no usar 一边… 一边 …

Aunque la traducción más habitual de la estructura es mientras esta no debe ser usada cuando ambas acciones no se realizan de manera simultanea. No debe utilizarse esta expresión para indicar que una acción ha ocurrido mientras otra estaba ejecutándose. En este caso debe utilizarse 的时候 en su lugar.

~~我一边吃晚饭，一边收到他的短信。~~
wǒ chī fàn **de shí hòu**　shōu dào le tā de duǎn xìn
我吃饭**的时候**，收到了他的短信。

Mientras estaba comiendo recibí su mensaje.

Contenidos relacionados

14.17 Indicando cuando con 的时候

Tampoco es posible utilizar esta estructura cuando el sujeto de ambas acciones no es el mismo. En este caso se forman dos sentencias utilizando 在:

~~我一边做作业，他一边打游戏。~~
wǒ zài zuò zuò yè　tā zài dǎ yóu xì
我在做作业，他在打游戏。

Estoy haciendo deberes. Él esta jugando.

Expresiones similares

边......边......

En todas las oraciones anteriores es posible substituir 一边... 一边 … por únicamente 边... 边 … que funciona del mismo modo. Tiene un tono algo **menos formal**.

wǒ 我 Yo	biān 边	shàng kè 上课 Ir a clase	biān 边	wán shǒu jī 玩手机 Jugar con el móvil.
Esa fábrica es tan grande como limpia.				
Sujeto	一边	*Verbo*	一边	*Verbo*

一面 …一面

一面 …一面… se utiliza igual que las expresiones anteriores sonando algo **más formal** en este caso. Se usa de un modo limitado en el lenguaje oral.

wǒ xǐ huān 我喜欢 Me gusta	yī miàn 一面	kàn shū 看书 Leer libros	yī miàn 一面	hē chá 喝茶 Beber té
Esa fábrica es tan grande como limpia.				
Sujeto	*一面*	*Verbo*	*一面*	*Verbo*

tā men yī miàn hē jiǔ yī miàn chàng gē
他们**一面**喝酒**一面** 唱 歌。

Beben y cantan al mismo tiempo.

En este caso se puede utilizar cuando las dos acciones ocurren simultáneamente o bien cuando **cambiamos rápidamente de una a otra acción**. También lo encontramos cuando dos acciones se suceden muy rápidamente.

Así, según el contexto la siguiente oración puede traducirse de dos modos diferentes

nǐ wèi shén me yī miàn kū yī miàn xiào
你为什么**一面**哭**一面** 笑？

¿Porque ríes y lloras a la vez?

¿Porque ahora ríes ahora lloras?

En este caso no es posible acortar la expresión e utilizar únicamente 面 ......面 ......

~~他们面喝酒面唱歌~~

tā men yī miàn hē jiǔ yī miàn chàng gē
他们**一面**喝酒**一面** 唱 歌。

Beben y cantan al mismo tiempo.

Ahora beben, ahora cantan.

233

38.2 EXPRESANDO POR UN LADO POR OTRO LADO CON 一方面......另一方面

La estructura 一方面......另一方面" es comúnmente utilizada para **expresar dos puntos de vista o aspectos opuestos** en una situación. Esta estructura proporciona una forma clara y concisa de presentar diferentes perspectivas o consideraciones, permitiendo al hablante o escritor mostrar un equilibrio entre los dos lados de un argumento. Al utilizar 一方面 para introducir el primer aspecto y 另一方面 para introducir el segundo aspecto, se establece una relación de **contraste** y se facilita la presentación de múltiples puntos de vista de manera organizada y estructurada.

wǒ xǐ huān zhè tào fáng zǐ shì yīn wéi　**yī fāngmiàn** jiāo tōng fāng biàn
我喜欢这套房子是因为, **一方面** 交通方便,
lìng yī fāngmiàn fáng zū hé shì
另一方面 房租合适。

Me gusta este piso porque,
por un lado, es de fácil acceso y, por otro, el alquiler es correcto.

También puede suprimir 另 sin afectar al significado:

nǐ　　yī　　　fāng　　　miàn　　　qù　　　kàn　　bìng
你　一　　方　　面　　去　　看　　病　　,
yī fāngmiàn yě kě yǐ liǎo jiě yí xià zhōng yī zěn me kàn bìng
一方面 也可以了解一下中医怎么看病

Por un lado, vas a ver a un médico y, por otro, puedes aprender cómo funciona la medicina china

从...方面

Esta estructura se utiliza para presentar diferentes aspectos o consideraciones relacionadas con un tema en particular. 看、来看 o 考虑 pueden aparecer completando la estructura:

cóng huán bǎo **fāng miàn** kǎo lǜ　 wǒ men yīng gāi gèng jiā guān zhù kě zài shēng néng yuán
从 环保 方面 考虑, 我们应该更加关注可再生能源
de fā zhǎn
的发展。

Desde el punto de vista de la protección del medio ambiente, debemos prestar más atención al desarrollo de energías renovables.

cóngshíyòngxìngfāngmiànláikàn
从实用性**方面**来看，

zhè ge shè jì fēichángfāngbiànyònghù shǐyòng
这个设计非常方便用户使用。

En términos de practicidad, este diseño es muy conveniente para los usuarios.

cóngjià gé fāngmiànláikàn   zhèkuǎnchǎnpǐnfēichángshíhuì
从价格**方面**来看，这款产品非常实惠。

Desde el punto de vista del precio, este producto es muy asequible.

cóngzhìliàngfāngmiànkàn   zhè ge pǐnpáiyìzhíyǒuhěnhǎo de kǒubēi
从质量**方面**看，这个品牌一直有很好的口碑。

En términos de calidad, esta marca siempre ha tenido una buena reputación.

38.3 UNIR DOS ADJETIVOS CON LA ESTRUCTURA 又......又......

El adverbio 又 puede utilizarse para **unir dos adjetivos**. En español, este uso particular puede traducirse como **tan... como...** El carácter 又 funciona como adverbio, por lo que se coloca justo delante de ambos l adjetivo.

nà jiā gōng sī 那家公司 Esta empresa	yòu 又 tan	dà 大 grande	yòu 又 como	gān jìng 干净 limpia.
Esa fábrica es tan grande como limpia.				
Sujeto	又	Adjetivo	又	Adjetivo

Debe saber que ambos adjetivos no deben expresar contraste entre ellos. Es decir ambos deben ser de naturaleza positiva o de naturaleza negativa.

wǒ yòu è yòu kě
我又饿又渴。
Tenía hambre y sed.

nà jiā gōng sī yòu dà yòu gān jìng
那家公司又大又干净。
Esa fábrica es tan grande como limpia.

nà gè rén yòu cōng míng yòu shuài qì
那个人又聪明又帅气。
Ese hombre es tan inteligente como guapo.

guì lín yòu měi lì yòu pián yí
桂林又美丽又便宜。
Guilin es hermoso y barato.

nà jiā miàn bāo diàn de miàn bāo yòu hǎo chī yòu pián yí
那家面包店的面包又好吃又便宜。
El pan de esa panadería era bueno y barato.

wǒ zhēn ài tā   tā yòu cōng míng   yòu wēn róu
我真爱她，她又聪明，又温柔。
La quiero mucho, es muy lista y muy dulce/tierna.

zhè jiàn chèn shān hěn hǎo   yòu piào liàng   yòu hé shì nǐ
这件衬衫很好，又漂亮，又合适你。
Esta camisa está muy bien, es bonita y te que queda bien.

wǒ bù xǐ huān wǒ de lǎo shī   yòu bèn   yòu bù lǐ mào
我不喜欢我的老师，又笨，又不礼貌。
No me gusta mi profesor, es tonto y maleducado

nǐ yòu hǎo xué shēng   yòu rè qíng   wǒ hěn xiǎng nǐ gēn wǒ dāng péng yǒu
你又好学生，又热情，我很想你跟我当朋友。
Eres buen estudiante y entusiasta, quiero ser tu amigo.

nǐ de ér zi   yòu kě ài   yòu tiáo pí
你的儿子，又可爱，又调皮。
Tus hijos son monos y traviesos.

wǒ hài pà tā yào diū le zhè xiē zhǐ　 yòu zhòng yào　yòu yǒu yòng

我害怕他要丢了这些纸，**又**重要，**又**有用。

Me da miedo que pierda esos papeles, son importantes y útiles

nǐ mǎi tā de lǐ wù zhēn hǎo　 yòu hé shì tā　 yòu hǎo yòng

你买他的礼物真好，**又**合适他，**又**好用。

El regalo que le has comprado está muy bien, hace para él y es fácil de utilizar.

wǒ zhēn bù xǐ huān tā　　 tā yì zhí yòu nán guò　 yòu pí qì

我真不喜欢她，　她一直**又**难过，**又**脾气。

No me gusta nada ella, siempre está triste y malhumorada.

Puede añadir más adjetivos a la estructura utilizando 也

tā yòu cōng míng yòu piào liàng　 yě hěn nǔ lì

他**又**聪明**又**漂亮，**也**很努力。

Es inteligente, bonito y trabajador.

Uso de 又......又...... uniendo frases verbales

Además de unir dos adjetivos, esta estructura también funciona con verbos o frases verbales completas y expresar que se realizan dos cosas a la vez.

tā	yòu	xiǎng mǎi shǒu jī	yòu	xiǎng mǎi shǒu biǎo
他 Él	又	想买手机 Quiere comprar un móvil	又	想买手表 Quiere comprar un reloj.
Quiere comprar un móvil y un reloj				
Sujeto	又	*Frase Verbal*	又	*Frase Verbal*

hái zi men gāo xìng jí le yòu chàng yòu tiào
孩子们高兴极了，又唱又跳。

Los niños estaban encantados, cantaban y bailaban.

tā yòu huì chàng gē yòu huì tiào wǔ
她又会唱歌又会跳舞。

Ella puede cantar y bailar.

qù fàn guǎnr ér chī fàn dōu xiǎng chī de yòu hǎo huā qián yòu shǎo
去饭馆儿吃饭都想吃得又好，花钱又少。

Cuando vas a un restaurante, quieres comer bien y gastar poco dinero.

También se puede utilizar 又... 又... antes de frases verbales en negativo. En este caso, la estructura puede traducirse como ni... ni....

tā yòu bú huì chàng gē yòu bú huì tiào wǔ
她又不会唱歌又不会跳舞。

Ella no puede cantar ni bailar.

Observe que en cada uno de los ejemplos anteriores, el mismo verbo principal se utiliza repetidamente en la primera y en la segunda frase verbal Esto tiene poco que ver con la gramática, sino más bien con un hábito lingüístico. Es una práctica común que los hablantes nativos se ciñan al mismo verbo principal cuando utilizan esta estructura para emparejar las dos frases verbales sonando de este modo más coordinado y natural.

Expresiones similares

既......又......

既... 又... tiene el mismo significado y funciona del mismo modo pero suena más **formal**. Es más común en noticias de televisión o libros mientras que en la conversación coloquial se usa mucho menos y se prefiere 又...又...

rú guǒ nǐ kě yǐ zhǎo dào yí fènzì jǐ jì gǎn xìng qù shōu rù yòu bú cuò de gōng
如果你可以找到一份自己既感兴趣，收入又不错的工
zuò nà jiù shì hǎo le
作，那就是好了.

Si puedes encontrar un trabajo que te interese y donde te paguen bien, será perfecto.

38.4 EXPRESANDO UNOS ... LOS OTROS... CON 有的...... 有的

En estos ejemplos, el primer 有的 se utiliza para indicar la existencia de un tipo de persona, objeto o situación, mientras que el segundo 有的 se repite para enfatizar que hay **otro tipo dentro del mismo grupo**. Esta estructura se puede adaptar a diferentes contextos y temas según sea necesario.

有的	老	有的	很难看
Unos	Viejo	los otros	Muy difícil mirar
Unos son viejos y otros son feos.			
	Oración / Adjetivo		*Oración / Adjetivo*

yǒu de rén xǐ huān hē kā fēi **yǒu de** rén xǐ huān hē chá
有的人喜欢喝咖啡，有的人喜欢喝茶。
Algunas personas les gusta tomar café, mientras que a otras les gusta tomar té.

yǒu de xué shēng xǐ huān yùn dòng **yǒu de** xué shēng xǐ huān dú shū
有的学生喜欢运动，有的学生喜欢读书。
Algunos estudiantes les gusta hacer ejercicio, mientras que a otros les gusta leer.

yǒu de cài shì là de **yǒu de** cài shì bù là de
有的菜是辣的，有的菜是不辣的。
Algunos platos son picantes, mientras que otros no son picantes.

wǒ zhè xiē kù zi dōu bù xǐ huān **yǒu de** lǎo **yǒu de** hěn nán kàn
我这些裤子都不喜欢，有的老，有的很难看！
De estos pantalones no me gustan ninguno, unos son viejos y otros son feos.

yǒu de xué shēng hěn nǔ lì xué xí **yǒu de** xué shēng shén me dōu bù zuò
有的学生很努力学习，有的学生什么都不做。
Algunos estudiantes se aplican, otros no hacen nada.

yǒu de gōngsī duì rényuán hěn hǎo　**yǒu de** bù shì zhè yàng zi de

有的公司对人员很好，有的不是这样子的。

Algunas empresas son buenas con los trabajadores, otras no son así.

yǒu de dòngwù hěn kě ài　dànshì **yǒu de** zhēn bù kě ài

有的动物很可爱，但是有的真不可爱。

Algunos animales son adorables, pero otros no lo son nada!

zài xiānggǎng **yǒu de** bīngguān hěn guì　**yǒu de** méiyǒu nà me guì

在香港有的兵官很贵，有的没有那么贵。

En Hong Kong algunos hoteles son muy caros, otros no son tan caros.

méi guānxi　**yǒu de** rén xiǎng chī dàngāo　**yǒu de** rén bù xiǎng chī

没关系，有的人想吃蛋糕，有的人不想吃。

No te preocupes, hay gente que quiere comer pastel y otra que no.

yǒu de gōngyuán hěn ānjìng　**yǒu de** gōngyuán de rén tài duō le

有的公园很安静，有的公园的人太多了。

Algunos parques son tranquilos, pero en algunos hay mucha gente.

yǒu de kùzi hěn guì　**dànshì** yǒu de zhēn piányí

有的裤子很贵，但是有的真便宜！

Algunos pantalones son caros, pero otros son muy baratos!

38.5 EXPRESANDO CADA VEZ MÁS CON LA ESTRUCTURA 越来越......

越来越... es una estructura muy común en chino mandarín que se utiliza para expresar un aumento gradual o progresivo en algo. Puede traducirse al español como **cada vez más** ... o cada vez más y más. A menudo se utiliza junto con un adjetivo o un verbo para indicar que algo está aumentando en intensidad o frecuencia. Tenga en cuenta que 越来越 siempre se sitúa antes del adjetivo o verbo que describe el aumento progresivo.

yuè
越

yuè láiyuè hǎo
越来越好

Cada vez mejor

yuè láiyuè duō
越来越多

Cada vez más

tiānqì **yuè láiyuè** rè
天气**越来越**热。

El tiempo es cada vez más caluroso.

wǒ zuò de fàn **yuè láiyuè** hǎochī le
我做的饭**越来越**好吃了。

Mi cocina es cada vez mejor.

dōngxī **yuè láiyuè** guì
东西**越来越**贵。

Las cosas son cada vez más caras.

nà gè rén **yuè láiyuè** cōngmíng
那个人**越来越**聪明。

Esa persona es cada vez más inteligente.

wǒ **yuè láiyuè** xǐhuān zhōngguó wénhuà le
我**越来越**喜欢 中 国文化了

La cultura china cada vez me gusta más.

38.6 EXPRESANDO CUANTO MÁS ... MÁS CON 越... 越 ...

Otra forma de expresar un cambio es usar la fórmula 越 seguido de un verbo de acción en lugar de 来 y cerrando la estructura como anteriormente, es decir, de nuevo 越 seguido de un adjetivo predicativo.
Esta estructura enfatiza la relación entre un verbo de acción y un adjetivo predicativo, indicando que a medida que el verbo se realiza más el adjetivo se vuelve más intenso.

tā **yuè** chī **yuè** pàng
他**越**吃**越**胖。
Cuanto más come, más engorda.

lǎoshī **yuè** shuō   tā **yuè** bù míngbái
老师**越**说，他**越**不明白。
Cuanto más habla el profesor, menos entiende él.

xuéxí **yuè** nǔ lì   chéngjì **yuè** hǎo
学习**越**努力，成绩**越**好
Cuanto más estudie, mejores serán sus notas

tā **yuè** pǎo **yuè** kuài
他**越**跑**越**快。
Cuanto más corre, más rápido lo hace.

jīngguò tā de nǔ lì   gōngsī de shēngyì **yuè** zuò **yuè** dà
经过他的努力，公司的生意**越**做**越**大。
Gracias a sus esfuerzos, el negocio de la empresa es cada vez más grande.

Al primer 越 le puede seguir también un adjetivo predicativo

shān **yuè** gāo   lù **yuè** nán zǒu
山**越**高，路**越**难走
Cuanto más alta es la montaña, más difícil es el camino.

tāmen rènwéi dàngāo **yuè** tián **yuè** hǎochī
他们认为蛋糕**越**甜**越**好吃。
Piensan que cuanto más dulce es el pastel, mejor sabe.

duì zì jǐ **yuè** shú xī de dōng xī wǎng wǎng **yuè** méi yǒu xīn xiān gǎn
对自己**越**熟悉的东西，往往**越**没有新鲜感。

Contra más familiarizado estés con algo, menos nuevo te parecerá.

huā **yuè** kāi **yuè** dà **yuè** dà **yuè** piào liàng
花**越**开**越**大，**越**大**越**漂亮。

Cuanto más florecen las flores, más grandes se vuelven; cuanto más grandes se vuelven, más hermosas son.

zài yì bān qíng kuàng xià nǐ huā de qián **yuè** duō
在一般情况下，你花的钱**越**多，
mǎi de dōng xī yě jiù **yuè** hǎo
买的东西也就**越**好。

En general, cuanto más dinero gastes, mejores cosas podrás comprar.

En la forma escrita, en lugar de 越, se puede usar el carácter 愈.

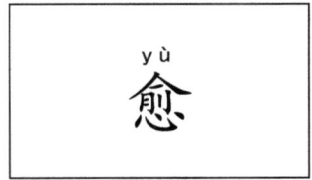

yù

愈

píng guǒ **yù** chéng shú **yù** hǎo chī
苹果**愈**成熟**愈**好吃。

Cuanto más maduras están las manzanas, más buenas están.

tā **yù** lái **yù** piào liàng
她**愈**来**愈**漂亮。

Cada vez está más guapa.

39 OTROS COMPLEMENTOS

39.1 COMPLEMENTO DE POSIBILIDAD O POTENCIA

El **complemento de potencia** nos indica si el resultado de una acción es **posible** o no. En este caso, el complemento de potencia interviene de manera significativa y se intercala entre el verbo y el complemento de resultado. Si el resultado es posible intercalamos la partícula 得 y si no es posible, utilizamos 不 para construir la forma negativa.

Forma afirmativa

En su forma afirmativa nos indica que el resultado es posible de obtener. En este caso se intercala la partícula 得 entre el verbo y el complemento de resultado.

tīng 听 Escuchar	de 得	dǒng 懂 Entender
Verbo	*Complemento de potencia*	*Complemento de resultado*

Forma negativa

Si lo que se pretende indicar es que no es posible la consecución del resultado se utiliza 不 para construir la forma negativa. Recuerde que, al contrario, el complemento de resultado en su forma negativa se construía con 没有.

tīng 听 Escuchar	bù 不	dǒng 懂 Entender
Verbo	*Complemento de potencia*	*Complemento de resultado*

tā shuō guǎngdōnghuà de shíhòu   wǒ jiǎnzhí yì jù dōu **tīng bù dǒng**
他说 广 东 话的时候， 我简直一句都**听不懂**。

Hablaba en cantonés y yo, literalmente, no entendía nada.

Observe que en el caso del complemento de resultado es el verbo principal el que se niega mientras que cuando se utiliza el complemento de potencia **es el complemento de resultado mismo el que aparece precedido por la negación y no el verbo principal**.

Cuando se utiliza un complemento de resultado el verbo toma un **aspecto perfectivo**, ya que no tendría sentido plantear el resultado de una acción no terminada. Es decir, la existencia de un resultado definitivo indica que la acción ha sido terminada y el verbo, en consecuencia, adquiere un aspecto perfectivo. Por este mismo motivo tras el complemento de resultado es habitual encontrar partículas de aspecto como 了 o 过.

wǒ zhǎodào le wǒ de qiánbāo
我找到了我的钱包。
Encontré mi cartera.

wǒ kàndǒng le zhè bù diànyǐng
我看懂了这部电影。
He entendido esta película.

En cambio, con el complemento de potencia lo que se afirma o niega es la posibilidad de obtener el resultado indicado y **la estructura carece de dicho aspecto perfectivo**.

wǒ kànbù dǒng zhè bù diànyǐng
我看不懂这部电影。
zhè bù diànyǐng wǒ kànbù dǒng
这部电影，我看不懂。
No entiendo esta película que he visto.

wǒ zhǎobù dào wǒ de qiánbāo
我找不到我的钱包。
wǒ de qiánbāo zhǎobù dào le
我的钱包找不到了。
No puedo encontrar mi cartera.

Complemento de resultado		Complemento de potencia	
Afirmativo	*Negativo*	*Afirmativo*	*Negativo*
tīng dǒng 听 懂	méi tīng dǒng 没 听 懂	tīng de dǒng 听 得 懂	tīng bù dǒng 听 不 懂
Oír comprender	No oír comprender	Oír capaz de entender	Oír incapaz de comprender
Se ha entendido algo que se ha oído	No se ha entendido pero sí se ha oído.	Se puedo entender algo que se ha oído.	No se puede entender algo que se ha oído.

Observe que, salvando ciertos matices de significado, la construcción utilizando el verbo modal 能, 能听懂, resulta equivalente a 听得懂.

Contenidos relacionados

10.3.2 Expresando una habilidad con 能

wǒ zhèng kàn de shū de zì tài xiǎo le　　wǒ **kàn bù jiàn**
我 正 看 的 书 的 字 太 小 了， 我**看不见**。

La letra del libro que estoy leyendo ....

rén tài i duō le　　wǒ **kàn bú jiàn** nǐ zài nǎ lǐ
人 太 多 了， 我**看不见**你 在 哪 里。

Hay tanta gente que no puedo ver dónde estás.

wǒ de fēi jī piào ne　　zěn me tū rán **zhǎo bú dào** le
我 的 飞 机 票 呢。 怎 么 突 然 **找不到**了

¿Dónde está mi billete de avión? ¿Por qué no puedo encontrarlo de repente? XXX

wǒ qù mǎi nà běn shū　　kě shì wǒ **mǎi bú dào** yīn wéi mài wán le
我 去 买 那 本 书， 可 是 我**买不到**因 为 卖 完 了。

Fui a comprarlo pero no puedo comprarlo porque se había agotado.

Los complementos de posibilidad, también llamados **complementos de potencia se insertan entre el verbo y el complemento de dirección o resultado** para indicar si un resultado puede o no lograrse, es decir, si el sujeto es capaz o no de realizar la acción que indica el verbo principal.

Forma afirmativa

wǒ 我	kàn 看	de 得	dào 到
Yo	Ver	Puedo	Alcanzar
Sujeto	Verbo	Complemento de Potencia	Complemento de resultado

kàn de dǒng
看 得 懂
Puedes entenderlo después de leerlo

shàng de qù
上 得 去
Puedes subir

Tenga en cuenta que la forma positiva se utiliza raramente, normalmente se usa únicamente para **responder afirmativamente** a una pregunta.

nǐ zuò zài hòu biān　　tīng de qīngchǔ ma
-你坐在后边，听得清楚吗

-Estás sentado atrás, ¿me oyes?

wǒ tīng de qīngchǔ
-我听得清楚。

-Puedo oírte claramente.

Forma negativa

La forma negativa se usa con mucha más frecuencia. Indica que el resultado no puede lograrse.

wǒ **我** Yo	kàn **看** Ver	bù **不** No puedo	dào **到** Alcanzar
Sujeto	Verbo	Complemento de Potencia	Complemento de resultado

Este concepto solo puede ser expresado mediante el uso del complemento de potencia y no deben usarse para ello verbos auxiliares. 不能看懂 o 不能看到 son expresiones completamente incorrectas

wǒ zhǐ xué hànyǔ sān nián le　　xiànzài **kàn bù dǒng**　　sān guó
我只学汉语三年了，现在**看不懂** 《《三国》》。

Sólo llevo tres años estudiando chino y ahora no puedo entender "Los Tres Reinos".

tā jīntiān de gōngzuò tài duō　**zuò bù wán**
他今天的工作太多，**做不完**。

Tiene demasiado trabajo hoy, no puede terminarlo.

tā láiwǎn le　　**chī bù shàng** zǎocān le
他来晚了，**吃不上**早餐了。

Llegó tarde y no pudo desayunar.

shàngbù qù le　qǐngxiàchē ba
上 不 去 了，请 下 车 吧。

No podemos subir, por favor bájese.

tā lái de tài chí　**zuò bù shàng** zuìhòuyì bāngōnggòngqì chē le
他 来 得 太 迟，**坐 不 上** 最 后 一 班 公 共 汽 车 了。

Llegó demasiado tarde y no puedo coger el último autobús.

xiǎochéngshì yīnwèi jīngjì bù hǎo　**liú bú zhù** réncái
小 城 市 因 为 经 济 不 好，**留 不 住 人 才。**

Las ciudades pequeñas no pueden retener el talento debido a la mala economía.

shǒujī xìnhào bù hǎo　tā **tīngbù qīngchǔ** wǒ zài shuō shén me
手 机 信 号 不 好，他 **听 不 清 楚** 我 在 说 什 么。

No pudo escuchar lo que decía debido a la mala cobertura del teléfono móvil.

Formas interrogativas

Las formas interrogativas son las habituales. Con la partícula interrogativa 吗

wǒ **kàn de dào** ma
我 **看 得 到** 吗？

¿Puedo verlo?

chē hái **shàng de qù** ma
车 还 **上 得 去** 吗？

¿Aún puede subir el coche?

O bien con estructura afirmativa - negativa:

nǐ **kàn bù kàn de jiàn**
你 **看 不 看 得 见**？

¿Puedes o no puedes verlo?

nǐ **huí bù huí de lái**
你 **回 不 回 得 来**？

¿Puedes o no puedes volver?

wǒ mèimei hěn ǎi　tā **kàn bú dào** le
我 妹 妹 很 矮，她 **看 不 到** 了！

Mi hermana pequeña es muy baja, no llega a verlo.

tā zuótiān de gōngkè tàiduō le　tā **zuò bù wán** le
他昨天的功课太多了,他**做不完**了。

Ayer tenia muchos deberes, no los ha podido terminar.

Su combinación con pronombres interrogativos es bastante intuitiva:

wǒ shén me **kàn bú dào**
我什么**看不到**?

¿Qué es lo que no puedo ver?

nǐ wèi shén me **mǎi bú dào** le
你为什么**买不到**了?

¿Por qué no no has comprado?

Muchas veces el **objeto** se elide, pero se puede poner después del complemento de resultado:

jīntiān tā **chī de wán** bāo zi
今天他**吃得完**包子.

Hoy él se ha podido comer los baozi.

wǒ **zhǎo bú dào** hǎo fàn guǎn
我**找不到**好饭馆。

No puedo encontrar un buen restaurante.

También se puede enfatizar el **objeto** poniéndolo **delante del verbo**, o utilizando la partícula 把.

tā **bǎ** bāo zi **chī de wán**
他**把**包子**吃得完**。

Terminó el bollo.

zhè bù diànyǐng wǒ **kàn bú jiàn** le
这部电影我**看不见**了。

No puedo ver esta película.

nǐ shuōhuà shuō de tàikuài le　wǒ **tīng bù dǒng**
你说话说得太快了,我**听不懂**。

Hablas demasiado rápido para que te entienda.

nǐ háishì hē bēi niúnǎi ba　kě yǐ **shuì de** gènghǎoxiē
你还是喝杯牛奶吧,可以**睡得**更**好**些。

Mejor tómate un vaso de leche, podrás dormir mejor.

Algunas veces puede haber **ambigüedad** entre el complemento de grado y el verbo potencial si el complemento de resultado es un **adjetivo**. Observe como la siguiente oración puede ser interpretada de dos modos distintos según la función gramatical que se le suponga:

jīntiān tā **xiě de hǎo** ma
今天他**写得好**吗?

¿Hoy él ha escrito bien?

jīntiān tā **xiě de hǎo** ma
今天他**写得好**吗?

¿Hoy ha podido terminar de escribir?

Observe que para **evitar** dicha ambigüedad es posible añadir 很 o cualquier otro **adverbio de grado** o el adverbio de **negación** 不 delante del adjetivo:

jīntiān tā **xiě de hěnhǎo**
今天他**写得很好**。

Hoy ha escrito muy bien

tā jīntiān **xiě de bùhǎo**
他今天**写得不好**。

Hoy no ha escrito bien.

39.2 COMPLEMENTO DE POTENCIA 着

Generalmente 着 indica si el sujeto es o no capaz de realizar con éxito la acción del verbo. Observe que cuando se utiliza como complemento de potencia su pronunciación es diferente.

zháo
着

yánjiùzàizhuōzishàng　wǒ **gòu de zháo**
盐就在桌子上，我**够得着**。
La sal está encima de la mesa, llego a alcanzarla.

nǐgàosùwǒtāshìshuí　wǒ **cāi bù zháo**
你告诉我他是谁，我**猜不着**。
Dime quién es, no consigo adivinarlo.

jīnwǎnwǒ **shuì bù zháo**　kěnéngshìyīnwéitàiduōshìqíngzàiwǒnǎohǎilǐzhuǎn
今晚我**睡不着**，可能是因为太多事情在我脑海里转
Esta noche no puedo dormir, tal vez porque tengo demasiadas cosas en mi mente.

zhè ge zìdiǎnwǒ **yòng bu zháo** le　wǒ men bǎ tā mài le ba
这个字典我**用不着**了，我们把它卖了吧。
Ya no necesito este diccionario, así que vendámoslo.

Otro carácter que puede actuar como complemento de potencia y que modifica en este caso su pronunciación es 了

Contenidos relacionados

39.3 EXPRESANDO LA LOCALIZACIÓN DONDE TERMINA UNA ACCIÓN

Cuando un verbo que expresa movimiento se presenta seguido de un complemento que indica lugar este debe ser entendido como el lugar donde la acción termina. Estos **complementos de destino** suelen ser introducidos por 在 o 到.

gōnggòngqìchē **tíngzài** tiān ānménzhàn
公共汽车**停在**天安门站。
El autobús se detuvo en la estación de Tiananmen.

zhèng lǎoshī **huídào** xuéxiào lǐ
郑老师**回到**学校里。
El profesor Zheng ha regresado a la escuela.

Como vimos anteriormente es incorrecto situarlo detrás para expresar la **localización** de una acción.

~~他工作在医院。~~
tā zài yīyuàn gōngzuò
他在医院工作。
Él trabaja en el hospital.

Si el complemento se sitúa delante del verbo este indica desde donde se iniciado la acción.

tā zǒudào gōngyuán qù
他走到公园去。
Fue caminando al parque.

tā dào gōngyuán qù zǒuzǒu
他到公园去走走。
Fue a dar un paseo al parque.

40 ADVERBIOS QUE EXPRESAN LA ACTITUD DEL HABLANTE

En chino, al igual que en otros idiomas, existen adverbios que introducen una valoración subjetiva en la oración. Estos adverbios permiten al hablante expresar su opinión, actitud o sentimiento personal sobre la acción o situación que se está describiendo. En esta sección veremos algunos de ellos:

Contenidos relacionados

40.1 EXPRESANDO PROBABLEMENTE CON 可能

Cuando se usa 可能 de manera **neutral** en una oración sin un tono particularmente positivo o negativo, generalmente indica que el hablante está haciendo una **suposición** o **estimación** de manera objetiva.

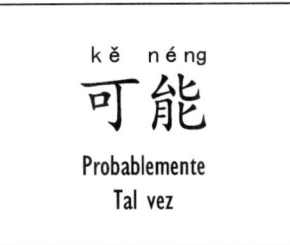

kě néng

可能

Probablemente
Tal vez

tiān yǒu diǎn ér yīn   kě néng yào xià yǔ
天有点儿阴，可能要下雨。
Está un poco nublado, puede que vaya a llover.

_{zhè zěn me kě néng}
这怎么可能

¿Cómo es posible?

_{xiàn zài shí yì diǎn duō le   tā kě néng zài shuì jiào}
现在十一点多了，他可能在睡觉。

Son más de las once y probablemente esté durmiendo.

_{wǒ kě néng bù huí jiā chī fàn le   nǐ men bié děng wǒ le}
我可能不回家吃饭了，你们别等我了。

Puede que no llegue a casa para cenar, no tienes que esperarme.

En ciertos contextos, el uso de 可能 puede reflejar la **cautela** o la **incertidumbre** del hablante.

míng tiān bú huì xià yǔ   dàn shì kě néng huì hěn lěng
明天不会下雨，但是可能会很冷。
Mañana no lloverá, pero quizás podría hacer frío.

tā kě néng bú huì lái
他可能不会来。
Tal vez no vendrá.

tā kě néng zǎo jiù zhī dào zhè jiàn shì qíng le
他可能早就知道这件事情了
Probablemente ya lo sabía.

nǐ zěn me kě néng hái bù zhī dào
你怎么可能还不知道。
Cómo es posible que no lo sepas ya.

Tenga en cuenta que 可能不 indica que algo es posible pero no seguro, dejando abierta la posibilidad de que no ocurra. Es una expresión que sugiere cierta **duda** o **incertidumbre**.

tā **kě néng bú** huì lái
他**可能不**会来。
Puede que él no venga.

Mientras que **不可能** significa **imposible** o no es posible. Se utiliza para indicar que algo no puede ocurrir y que no hay posibilidad de que suceda. Es una expresión que indica una negación categórica de la posibilidad. En general es la posición de 可能 en la frase marca la diferencia en el significado.

zhè shì bù kě néng de rènwù
这是不可能的任务。
Esta es una tarea imposible.

40.2 DIFERENCIAS DE USO ENTRE 估计 Y 可能

Tanto 估计 como 可能 son términos que se utilizan para expresar la posibilidad o probabilidad de que algo suceda. Sin embargo, existen algunas diferencias en lo que respecta a sus matices de certeza y subjetividad.

估计 se utiliza cuando se estima o se hace una suposición basada en información o análisis. Tiene un mayor grado de certeza en comparación con 可能 . Se suele traducir como **estimar** o **calcular**. 可能 se utiliza para expresar la posibilidad o probabilidad de que algo suceda, pero con un grado de incertidumbre mayor que 估计 . Se puede traducir como **posiblemente** o **probablemente**.

wǒ gū jì míngtiānhuì xià yǔ
我估计明天会下雨
Estimo que lloverá mañana.

tā **kě néng** huì chídào
他**可能**会迟到。
Es posible que él llegue tarde.

估计 también se utiliza para expresar una opinión o conjetura personal sobre algo. Puede ser usado para dar una estimación **subjetiva**. Mientras que 可能 se usa principalmente para indicar la **posibilidad objetiva** o general de que algo ocurra. No implica una opinión personal específica.

wǒ gū jì zhè ge xiàngmù huì qǔ de chénggōng
我估计这个项目会取得成功。
Estimo que este proyecto tendrá éxito.

míngtiān **kě néng** huì yǒuyǔ
明天**可能**会有雨。
Mañana es posible que llueva.

kě néng nǐ bù rènshi tā
可能 你不认识他。

Probablemente no lo conozcas.

gū jì nǐ bù rènshi tā
估计 你不认识他。

Creo que no lo conoces.

Una diferencia gramatical importante es que 可能 hace función de adjetivo de modo que sí es posible graduarlo 很可能，非常可能… En cambio no es posible graduar 估计, que siempre realiza funciones de verbo.

hěn **kě néng** jīntiān tā bù lái le
很可能今天他不来了。

Lo más probable es que no venga hoy.

wǒ gū jì kànbù wán le
我估计看不完了。

No creo que pueda terminar de leerlo.

zuì **kě néng** de yuányīn jiù shì tā huí guó le
最可能的原因就是他回国了。

La razón más probable es que haya regresado a su país de origen.

40.3 EXPRESANDO EVIDENTEMENTE Y OBVIAMENTE CON 当然 Y 明明

En chino, puedes utilizar las palabras 当然 y 明明 para expresar los conceptos de **evidentemente** y **obviamente**, aunque tienen matices ligeramente diferentes en su significado y uso. Aquí están las diferencias principales:

dāng rán
当然

míng míng
明明

当然 se traduce normalmente por **por supuesto**, **claro** o **evidentemente**. Se utiliza para afirmar algo con seguridad y convicción. Indica que algo es cierto o evidente, sin dejar lugar a dudas.

^{wǒ} **dāngrán** ^{yě qù}
我 **当然** 也去

Por supuesto que estaré allí.

^{tā} **dāngrán** ^{bù tóngyì}
她 **当然** 不同意

Por supuesto que no está de acuerdo.

dāngrán ^{nǐ kě yǐ cānjiā pàiduì} ^{nǐ shì wǒ men de hǎo péngyǒu}
当然 你可以参加派对，你是我们的好朋友。

Por supuesto que puedes asistir a la fiesta, eres nuestro buen amigo.

明明 también tiene el significado de obviamente, claramente. Se utiliza para enfatizar que algo es obvio o evidente, y puede llevar una connotación de **sorpresa** o desacuerdo. Se usa cuando el hablante considera que algo es evidente pero puede haber una discrepancia con lo que otros piensan o esperan.

míngmíng ^{jīntiān shì xīngqī liù} ^{tā què qù shàngbān le}
明明 今天是星期六，他却去上班了。

Obviamente hoy es sábado, pero él fue a trabajar.

^{shū} **míngmíng** ^{zài zhuō zi shàng} ^{nǐ zěn me méi zhǎo dào ne}
书 **明明** 在桌子上，你怎么没找到呢

El libro estaba encima de en la mesa, ¿cómo no lo has encontrado?

^{tā} **míngmíng** ^{dā yìng le} ^{zěn me yòu bù lái le}
他 **明明** 答应了，怎么又不来了？

Él evidentemente lo prometió, ¿por qué no vino de nuevo?

En resumen, 当然 se utiliza para afirmar algo como cierto o evidente, sin dejar lugar a dudas, mientras que 明明 se utiliza para enfatizar que algo es obvio o evidente, a veces en contraposición a lo que otros pueden pensar. Recuerda que el contexto y la entonación también pueden influir en la interpretación exacta de estas palabras en una conversación.

40.4 EXPRESANDO CERTEZA CON 一定

Para expresar **certeza** en chino, puede utilizar la palabra 一定. Esta palabra se utiliza para transmitir **seguridad** y **convicción** acerca de algo.

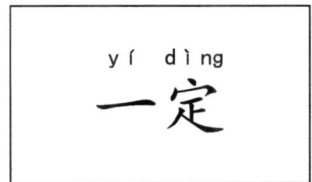

En estos ejemplos, 一定 se utiliza para expresar una certeza absoluta o una convicción fuerte sobre la situación o el resultado. Esta palabra transmite confianza en que algo sucederá o es cierto. Puede ir seguido por un verbo o un adjetivo. Aquí tiene algunos ejemplos de cómo usarlo:

míngtiān **yí dìng** bù xià yǔ
明天**一定**不下雨。
No debe llover mañana.

jīntiān lù shàng de chē **yí dìng** hěn duō
今天路上的车**一定**很多。
Debe haber muchos coches en la carretera hoy.

nǐ **yí dìng** néng kè fú kùn nán
你**一定**能客服困难。
Seguro que puedes superar las dificultades.

míngtiān **bù yí dìng** xià yǔ
明天**不一定**下雨
Puede que no llueva mañana

Observe la diferencia de significado introducida en las siguientes oraciones al desplazar el adverbio de negación 不 antes o después de 一定:

tā yí dìng bǐ wǒ gāo
她一定比我高。
Es cierto que el es más alto que yo.

tā bù yí dìng bǐ wǒ gāo
他不一定比我高。
No es cierto que el sea más alto que yo.

tā yí dìng bù bǐ wǒ gāo
他一定不比我高。
Es cierto que no es más alto que yo.

40.5 DIFERENCIAS DE USO ENTRE 肯定 Y 一定

Tanto 肯定 como 一定 pueden expresar cierta certeza en chino. Aunque en muchas oraciones resultan intercambiables:

nín fàng xīn **kěndìng** zhì liàng bù dǎ zhé
您放心，**肯定**质量不打折。
nín fàng xīn **yídìng** zhì liàng bù dǎ zhé
您放心，**一定**质量不打折。
Puede estar seguro de que la calidad no se verá afectada.

shāng chǎng jié jià rì **kěndìng** dōu huì dǎ zhé
商场节假日**肯定**都会打折。
shāng chǎng jié jià rì **yídìng** dōu huì dǎ zhé
商场节假日**一定**都会打折。
Siempre están en oferta durante las vacaciones.

existen diferencias sutiles en su uso y significado. La primera diferencia la encontramos en el **nivel de certeza** que expresan. Mientras que 肯定 se utiliza para expresar una certeza más sólida y definitiva e implica una convicción fuerte y absoluta sobre algo. 一定 expresa certeza, pero de una manera más general o absoluta. Indica una alta probabilidad o seguridad, pero puede dejar un pequeño margen de posibilidad para excepciones.

wǒ **kěndìng** tā huì chénggōng de
我**肯定**他会成功的。
Estoy seguro de que él tendrá éxito.

wǒ **yídìng** huì jìnlì bāngzhù nǐ
我**一定**会尽力帮助你。
Sin duda, haré todo lo posible para ayudarte.

También difieren en las **preguntas** que se forman con ellas. 肯定 se utiliza en preguntas para buscar una **confirmación** o **validación** de una afirmación. Mientras que 一定 se utiliza en preguntas para hacer **suposiciones** o **conjeturas** basadas en la evidencia disponible.

tā **kěndìng** huì lái cānjiā jùhuì duì ma
他**肯定**会来参加聚会，对吗？
Él definitivamente vendrá a la fiesta, ¿verdad?

nǐ xià gè yuè **yídìng** huì máng ba
你下个月**一定**会忙吧？
Seguramente estarás ocupado el próximo mes, ¿verdad?

肯定 puede utilizarse en oraciones con el significado de seguro, claro o positivo.

wǒ néng **kěn dìng**
我能**肯定**

Puedo estar seguro

tā de huí dá shì **kěn dìng** de
他的回答是**肯定**的

Dio una respuesta positiva

bù néng **kěn dìng** de shì zuì hǎo bú yào shuō
不能**肯定**的事最好不要说。

Es mejor no decir nada de lo que no se esté seguro.

zhè shì **kěn dìng** de   qù péng yǒu jiā yīng gāi dài diǎn lǐ wù
这是**肯定**的，去朋友家应该带点礼物。

Eso está claro, debes llevar un regalo cuando vayas a casa de un amigo.

40.6 EXPRESANDO PROBABLEMENTE CON 大概 Y QUIZÁ CON 也许

Presentamos a continuación dos palabras con las que es posible expresar de nuevo cierto grado de certeza. Con 大概, que aquí traduciremos como probablemente se transmite la idea de un poco de certeza. Con 也许 traducido como **quizá** o **tal vez**. Al igual que en español, en este caso la probabilidad es menor. Utilizar una u otra solo nos indicara la visión subjetiva del hablante sobre el tema.

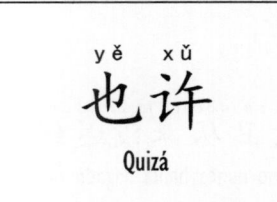

míng tiān **dà gài** huì xià yǔ
明天**大概**会下雨。
Probablemente lloverá mañana.

yě xǔ shì zhè yàng
也许是这样。
Puede que sea así.

tā **dà gài** míng tiān huì lái
他**大概**明天会来。
Él probablemente vendrá mañana.

yě xǔ tā wàng jì le
也许他忘记了。
Tal vez él lo olvidó.

Contenidos relacionados

33.1.6 Expresando aproximadamente con 大概

40.7 EXPRESANDO SORPRESA CON 竟然

El adverbio 竟然 se sitúa antes de un verbo o un adjetivo e indica **para mi sorpresa** o **sorprendentemente**.

jìng rán
竟然
Sorprendentemente

dà wèi cónglái méi chí dào le   méi xiǎngdào jīn tiān **jìngrán** chí dào le
大卫从来没迟到了，没想到今天**竟然**迟到了。
David nunca había llegado tarde y no esperaba llegar tarde hoy.

zhè tiáo kù zǐ **jìngrán**   kuài duō
这条裤子**竟然**3000块多。
Estos pantalones son sorprendentemente 3.000 yuan más caros.

zhè ge gē tè bié hǎotīng   zuì jìn hěn liúxíng   nǐ **jìngrán** méi tīng guò
这个歌特别好听，最近很流行，你**竟然**没听过？
Esta canción es particularmente buena, es muy popular en estos días, me sorprende que no la hayas escuchado?

zhè ge xīnwén zhè me yǒumíng   nǐ **jìngrán** méi tīng shuō
这个新闻这么有名，你**竟然**没听说
Esta noticia es tan famosa que no puedo creer que no hayas oído hablar de ella.

méi xiǎngdào wǒ **jìngrán** tōng guò le kǎoshì
没想到我**竟然**通过了考试。
Nunca pensé que fuera a aprobar el examen.

tā piàn le nǐ   nǐ **jìngrán** bù shēng qì
他骗了你，你**竟然**不生气。
No puedo creer que no estés enfadada porque te haya mentido.

nǐ **jìngrán** bǎ tā sòng nǐ de xiàngliàn nòngdiū le
你**竟然**把他送你的项链弄丢了
No puedo creer que hayas perdido el collar que te regaló

40.8 EXPRESANDO AFORTUNADAMENTE, POR SUERTE, MENOS MAL CON 还好 Y 幸亏

Para expresar las ideas de **afortunadamente**, **por suerte** o **menos mal** en chino, puede utilizar las palabras 还好 y 幸亏. Ambas se utilizan para expresar alivio o gratitud por una situación favorable o un resultado deseado. Sin embargo 幸亏 implica que las cosas podrían haber sido diferentes o peores.

还好 Afortunadamente, Por suerte Menos mal	**幸亏** Afortunadamente, Por suerte Menos mal

háihǎo wǒ gǎnshàng le zuìhòuyì bāndì tiě
还好, 我赶上了最后一班地铁。
Por suerte, alcancé el último tren del metro.

háihǎo qì chē méi bèi wǒ zhuàng le
还好汽车没被我 撞 了
Afortunadamente no fui yo la que choco con el coche.

méi xiǎng dào běi jīng nà me lěng   **xìngkuī** wǒ dài le bù shǎo yī fú
没 想 到北京那么冷, **幸亏**我带了不少衣服。
No esperaba que en Beijing hiciera tanto frío, así que menos mal que he traído mucha ropa.

xìngkuī nǐ dài le sǎn   bù rán wǒ men jiù cǎn le
幸亏你带了伞, 不然我们就惨了。
Menos mal que has traído tu paraguas o habríamos tenido problemas.

xìngkuī nǐ dài le sǎn   fǒu zé wǒ men huì bèi lín shī de
幸亏你带了伞, 否则我们会被淋湿的。
Afortunadamente llevaste un paraguas, de lo contrario nos habríamos empapado bajo la lluvia.

41 LA VOZ PASIVA

41.1 USANDO LA VOZ PASIVA CON 被, 叫, 让

Aunque menos utilizada en chino que en español, su uso no difiere del uso de la voz pasiva en español y es utilizada para **enfatizar el objeto** de una determinada acción.

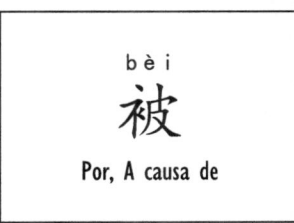

bèi

被

Por, A causa de

En ella, el sujeto de la frase es el receptor de la acción y el complemento agente que realiza la acción se identifica por ir precedido por 被. En estas oraciones el verbo utilizado debe ser un verbo **transitivo** y de **acción**.

zì xíng chē 自行车	bèi 被	xiǎo tōu 小偷	tōu 偷	le 了
La bicicleta ha sido robada por el ladrón				
Sujeto	Partícula	Agente	Verbo	Otros complementos

mào zi **bèi** fēng guā pǎo le
帽子**被**风刮跑了。
El sombrero se lo llevó el viento.

bēi zi **bèi** tā dǎ pò le
杯子**被**她打破了
La copa ha sido rota por ella.

En el pasado, la voz pasiva se utilizaba generalmente para expresar un encuentro o algo **desafortunado**, **desagradable** o **adverso**. Aunque actualmente esta limitación ha desaparecido es posible que se introduzca cierto tono de infortunio en la oración al utilizarla.

41.1.1 OMISIÓN DEL AGENTE

Al igual que en español el **agente** puede ser **omitido**. En este caso 被 aparecerá directamente antes del verbo.

zì xíng chē	bèi	tōu	le
自行车	被	偷	了
La bicicleta ha sido robada.			
Sujeto	*Partícula*	*Verbo*	*Otros complementos*

mào zi **bèi** guā pǎo le
帽子**被**刮跑了。
El sombrero se voló.

wǒ de xíng lǐ **bèi** nòng diū le
我的行李**被**弄丢了。
Mi equipaje se ha perdido.

wǒ de gē bó **bèi** zhuàng shāng le
我的胳膊**被**撞伤了。
Mi brazo estaba magullado.

bēi zi **bèi** dǎ pò le
杯子**被**打破了。
La copa se rompió.

wǒ de diàn nǎo **bèi** tōu zǒu le
我的电脑**被**偷走了。
Mi ordenador ha sido robado.

bìng rén **bèi** sòng dào yī yuàn
病人**被**送到医院。
Los pacientes han sido enviados al hospital.

De nuevo en este caso, la oración no podrá terminar abruptamente con el verbo y este deberá ir seguido de algún complemento o como mínimo de alguna una partícula de aspecto como 了 o 过. Esta necesidad de no acabar la frase abruptamente la oración con el verbo fue enunciada anteriormente al tratar el complemento de resultado.

Contenidos relacionados

26.2.2 El complemento de resultado y las oraciones con 把

Observe que en este caso las posibles partículas de aspecto que es posible utilizar para cerrar la oración difieren de las partículas utilizadas en las oraciones con 把. Mientras que en la voz pasiva pueden aparecer 了 o 过, esta última no puede aparecer en una oración con 把. Sin embargo es común formar oraciones con 把 con las partículas 了 o 着 como veremos próximamente:

Contenidos relacionados

42.2 Uso de 把 con partículas de aspecto

41.1.2 叫, 让 O 给 COMO SUBSTITUTOS DE 被

叫, 让 o 给 se usan con la misma función que 被 en el chino hablado. Normalmente puede intercambiar todos ellos sin problema con 被 simplemente teniendo en cuenta que cuando utilice utiliza 叫, 让 o 给 **no es posible omitir el complemento agente** en la oración.

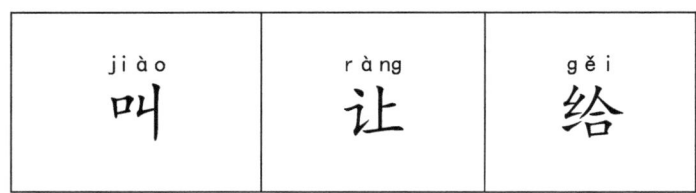

jiào	ràng	gěi
叫	让	给

Sin embargo, como verá cuando tratemos los verbos causativos, en contados casos el uso de estos puede ocasionar **ambigüedades** en el significado en lo que quiere expresar. Vamos a avanzarle aquí un ejemplo. Además del uso presentado hasta el momento, 让 tiene el significado de **dejar o permitir que alguien haga algo**, un significado parecido a permitir.

ràng wǒ guò qù
让 我 过 去
Déjame pasar.

No debe confundir el uso coloquial de 让 como introductor del complemento agente presentado en este punto gramatical con el uso del mismo como verbo causativo que sera expuesto próximamente:

Contenidos relacionados

44.2 Los verbos causativos

La oración presentada en primer lugar, que utiliza 影响 con el significado de **afectar**, podría transformarse en una oración pasiva utilizando 被 sin mayor problema:

nánpéngyǒu yǐngxiǎng le wǒ
男 朋 友 影 响 了 我。
Mi novio me afecta.

wǒ bèi nánpéngyǒu yǐngxiǎng le
我 被 男 朋 友 影 响 了。
Estoy afectado por mi novio.

Sin embargo, la misma oración construida con 让, no tendría el mismo significado. En este caso se entendería que se ha permitido hacer algo a alguien:

wǒ **ràng**nánpéngyǒuyǐngxiǎng le
我 **让** 男 朋 友 影 响 了。
Dejé que mi novio se interpusiera.

Es en estos limitados casos que producen ambigüedades de significado donde los coverbos presentados no son intercambiables.

Contenidos relacionados

41.2 Preposición 给 en la voz pasiva

41.1.3 LA NEGACIÓN EN ORACIONES CON VOZ PASIVA

El adverbio de negación 没有 precede a 被 y no debe emplazarse en este caso delante del verbo. Tenga en cuenta que el adverbio de negación 不 no suele usarse en la voz pasiva.

wèntí **méiyǒubèi**jiějué ne
问题 **没有被** 解决 呢。
La cuestión aún no está solucionada.

wǒ de huāpíng**méiyǒubèi**dǎ pò
我的花瓶 **没有被** 打破。
Mi jarrón de flores no está roto.

zhèběnxiǎoshuō**méiyǒubèi**jièzǒu
这本小说 **没有被** 借走。
Esta novela no ha sido prestada

cài**méiyǒubèi**shāojiāo
菜 **没有被** 烧 焦。
Los platos no se han quemado.

41.1.4 USO DE LA VOZ PASIVA JUNTO A VERBOS AUXILIARES

Los verbos auxiliares también deben preceder a 被

yú yàobèimāochīdiào de
鱼要被猫吃掉的

El pescado será comido por el gato.

nà tàoxī fú míngtiān**huìbèi**rénmǎizǒu
那套西服明天**会被**人买走。

Ese traje será comprado mañana.

41.1.5 USO DE LA VOZ PASIVA JUNTO A OTROS MODIFICADORES DEL VERBO

De hecho, cualquier modificador del verbo se sitúa delante de 被

tā de qiánbāo**kě néngbèi**ixiǎotōutōuzǒu le
他的钱包**可能被**小偷偷走了

Su cartera puede haber sido robada por un ladrón.

nǐ **zěn me yòubèi**rénpiàn le
你**怎么又被**人骗了?

¿Cómo te han estafado de nuevo?

wèntí **háiméiyǒubèi**ijiějué ne
问题**还没有被**解决呢

La cuestión aún no se ha decidido.

bìngrén**háiméibèi**isòngdàoyīyuàn ne
病人**还没被**送到医院呢。

Los pacientes aún no han sido enviados al hospital.

wǒ men **jīngchángbèi**ibiérénrèncuò
我们**经常被**别人认错。

A menudo admitimos un error en lugar de otras personas.

nǐ **bù zuòzuò yè de huàhuìbèi**ilǎoshī pī píng de
你**不做作业的话会被**老师批评的。

El profesor te criticará si no haces los deberes.

41.1.6 FORMAS INTERROGATIVAS EN VOZ PASIVA

Las estructuras conocidas para formar **preguntas** pueden usarse con la voz pasiva.

xiǎotōu**bèi**zhuādào le **ma**
小偷**被**抓到了**吗**
¿El ladrón fue atrapado?

wèntí **yǒuméiyǒubèi**jiějué ne
问题**有没有被**解决呢
¿La cuestión se ha decidido?

Contenidos relacionados

---

9 Preguntas

Si lo que quiere es preguntar sobre el **complemento agente**, este es substituido por el pronombre interrogativo 谁:

shuí zhuādào le xiǎotōu
谁抓到了小偷
xiǎotōu**bèishuí**zhuādào le
小偷**被谁**抓到了
¿Quien atrapó al ladrón?

shuí názǒu le wǒ de zhàoxiàngjī
谁拿走了我的照相机?
wǒ de zhàoxiàngjī bèi**shuí** názǒu le
我的照相机被**谁**拿走了?
¿Quien se llevó mi cámara?

Contenidos relacionados

9.3.3 Preguntando quién con 谁.

41.2 PREPOSICIÓN 给 EN LA VOZ PASIVA

Como preposición, 给, al igual que 让 y 叫, es capaz de sustituir a 被 para formar oraciones en voz pasiva. Como vimos anteriormente las oraciones pasivas en chino se construyen según la estructura:

wǒ de diànnǎo 我的电脑 Mi ordenador	gěi 给 Por	xiǎotōu 小偷 Ladrón	tōu 偷 Robar	zǒu le 走了 Llevar + Partícula
Mi ordenador ha sido robado por el ladrón				
Sujeto Paciente	*Partícula*	*Complemento Agente*	*Verbo*	*Complemento*

Contenidos relacionados

13.2 Usos de 给
25.2 Verbos con complemento directo e indirecto. Verbos dativos

41.3 LA ORACIÓN CON SENTIDO PASIVO

Este tipo de oraciones se utiliza muy habitualmente en chino. En ellas el sujeto puede ser a la vez el receptor de la acción, es decir, el sujeto es también objeto de la acción. El sujeto en este tipo de frases debe ser **definido**, ya sea persona o cosa.

diànyǐngpiào yǐjīngmǎihǎo le
电影票已经买好了
Ya he comprado mis entradas de cine.

nà bù xiǎoshuō kànguò méiyǒu
那部小说看过没有
¿Has leído la novela?

Se utiliza para enfatizar al objeto y su estructura es muy similar a la presentada al exponer la estructura tema - comentario. Sin embargo, observe como el sujeto utilizado discrepa del utilizado en las frases presentadas anteriormente:

diànyǐngpiào **wǒ** yǐjīngmǎihǎo le
电影票**我**已经买好了
Ya he comprado mis entradas de cine.

nà bù xiǎoshuō **nǐ** kànguò méiyǒu
那部小说**你**看过没有
¿Has leído la novela?

15.2 La estructura tema-comentario

El **sujeto** en este tipo de oraciones, al igual que el complemento agente cuando se usa la voz pasiva propiamente, se puede **omitir** si se sobreentiende por contexto. Dicho de otro modo, es posible utilizar esta estructura porque nadie asumirá que los billetes, aun siendo el sujeto de la oración son las responsables de la acción del verbo y se han comprado a si mismos, que la novela se ha leído a si misma o que las cosas se han guardado a si mismas en el armario. Observe como en la mayoría de traducciones hemos usado un **se** reflexivo.

xìn xiě wán le
信写完了
La carta esta terminada de escribir.

nǐ yào de dōng xī mǎi hǎo le
你要的东西买好了
Las cosas que pediste están compradas.

bēi zǐ dǎ pò le
杯子打破了
El vaso se ha roto.

nà běn shū mài wán le
那本书卖完了。
Ese libro se ha agotado.

xìn shōu dào le
信收到了
El correo ha llegado. (se ha recibido)

bīng xiāng xiū hǎo le
冰箱修好了
El refrigerador se ha reparado.

dōng xī dōu fàng zài guì zi lǐ le
东西都放在柜子里了
Todo está en el armario / alacena.

zhǐ yòng wán le
纸用完了
El papel se ha agotado.

Si quiere utilizar la forma estrictamente pasiva presentada en el punto anterior:

diàn yǐng piào yǐ jīng bèi wǒ mǎi hǎo le
电影票已经被我买好了
Ya he comprado las entradas de cine.

dōng xī dōu **bèi wǒ** fàng zài guì zi lǐ le
东西都**被我**放在柜子里了
He puesto todas las cosas en el armario.

Si omitimos el complemento agente obtenemos

diànyǐngpiàoyǐ jīngbèimǎihǎo le
电影票已经**被**买好了

Las entradas de cine ya estan compradas.

dōngxī dōubèifàngzàiguì zi lǐ le
东西都**被**放在柜子里了

Todo está en el armario.

Vea también otros contenidos relacionados con la voz pasiva en los siguientes puntos relacionados:

Contenidos relacionados

51 Más sobre la voz pasiva
51.1 La voz pasiva con 由
51.2 La voz pasiva con 受到 y 收到

---

yì zhāo bèi shé yǎo shí nián pà jǐng shéng
一朝被蛇咬十年怕井绳

Un vez mordido por una serpiente, miedo a la cuerda del pozo durante diez años.

Gato escaldado del agua fría huye.

42 ORACIONES CON 把

把 es un verbo con el significado de **agarrar** o en algunos contextos **vigilar** o **guardar**.

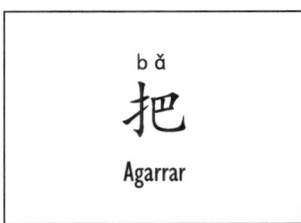

bǎ

把

Agarrar

Sin embargo, se utiliza como verbo en muy pocas ocasiones. También se encuentra formando parte de **otras palabras** como es el caso de

bǎ mén
把门
Vigilar o guardar la puerta

bǎ shǒu
把守
Vigilar / Hacer guardia

bǎ wò
把握
Aprovechar

bǎ guān
把关
Vigilar un paso
Control de acceso
Verificar algo

También conocemos su uso como **clasificador** para objetos que puedan agarrarse o manipularse:

yì bǎ dāo
一把刀
Un cuchillo

yì bǎ yǐ zǐ
一把椅子
Una silla

yì bǎ sǎn
一把伞
Un paraguas

Contenidos relacionados

4 Clasificadores

En este punto gramatical, sin embargo, nos encargamos de presentar un tipo de oraciones que utilizan 把 para establecer una relación entre el sujeto, la acción y su objeto. El sujeto realiza una **acción** al objeto y causa un **cambio o transformación** en éste. La acción del verbo influye en el objeto introducido por 把, le causa un cierto resultado, un cambio o un nuevo estado. Así, las oraciones con la partícula 把 suelen tener el significado de **ejecutar**, **manipular** o **provocar un cambio de estado o de lugar**.

La partícula 把 es una característica gramatical propia de la lengua china. En las construcciones que usan 把, **se traslada el objeto delante del verbo**. Así pues, de la frase ...

xiǎogǒuchī le yí gè miànbāo
小狗吃了一个面包
El gatito se ha comido un mianpao

trasladando el objeto delante del verbo e introduciéndolo con la partícula 把, obtenemos la estructura básica de estas oraciones:

xiǎo gǒu	bǎ	miàn bāo	chī	le
小狗	把	面包	吃	了
El gatito se ha comido el mianpao.				
Sujeto	*Partícula*	*Objeto Complemento Directo*	*Verbo*	*Otros complementos*

Este cambio de posición convierte al objeto en una **referencia definida**.

wǒ chī le wǎnfàn le
我吃了晚饭了
wǒ **bǎ** wǎnfànchī le
我把晚饭吃了
Me comí la cena

wǒ wàng le tā de shēngrì
我忘了她的生日
wǒ **bǎ** tā de shēngrì wàng le
我把她的生日忘了
Olvidé su cumpleaños

wǒ **bǎ** chuāng hù dǎ kāi le   zhè yàng kōng qì liú tōng
我把窗户打开了，这样空气流通，
kě yǐ **bǎ** yānwèisànqù
可以把烟味散去。
Abrí la ventana para que el aire circulara y dispersara el olor a humo.

En el lenguaje escrito, es posible encontrar el carácter 将 substituyendo a 把:

jiāng

将

wǒ **bǎ** xiāoxī gàosù tā
我把消息告诉他。

wǒ **jiāng** xiāoxī gàosù tā
我将消息告诉他。

Le di la noticia.

Con ninguna relación gramatical con el uso presentado aquí 将 también interviene en palabras como 将来.

Contenidos relacionados

42.1 CONDICIONES PARA FORMAR ORACIONES CON 把

Sin embargo, para poder formar oraciones con 把 se deben cumplir ciertas condiciones. En los siguientes apartados vamos a analizarlas en detalle:

42.1.1 REFERENCIA DEFINIDA

El objeto introducido por 把 debe ser una referencia definida

El objeto introducido por 把 debe ser una referencia definida. Así, en los siguientes ejemplos es posible formar oraciones con 把 puesto que en todos ellos se hace uso de una referencia definida:

qǐng nǐ **bǎ** pí jiǔ hē wán
请你**把**啤酒喝完。
Por favor, termínate la cerveza.

qǐng nǐ **bǎ** zhè ge pí jiǔ hē wán
请你**把**这个啤酒喝完。
Por favor, termínate esta cerveza.

qǐng nǐ **bǎ** nà ge pí jiǔ hē wán
请你**把**那个啤酒喝完。
Por favor, termínate esa cerveza.

qǐng nǐ bǎ zhèxiē pí jiǔ hē wán
请你把这些啤酒喝完。
Por favor, termínate estas cervezas.

Mientras que no es posible utilizar 把 usando una referencia indefinida (como por ejemplo 一瓶啤酒) como objeto:

~~请你把一瓶啤酒喝完。~~
请你喝完一瓶啤酒。
Por favor, termínate una cerveza

Contenidos relacionados

15.1.1 Referencias definidas e indefinidas como sujeto

42.1.2 LA ACCIÓN DEBE AFECTAR PARTICULARMENTE AL OBJETO

La acción debe afectar particularmente al objeto de algún modo, exponer un **resultado** o provocar un **cambio de estado** en el mismo. Así, los verbos utilizados en este tipo de frases deben ser **verbos transitivos**.

Contenidos relacionados

42.7 Verbos con los que no es posible utilizar la partícula 把

Según el complemento de resultado que se utilice se establecen varios tipos de relaciones entre el sujeto y el objeto de la oración. En algunas se indica un **desplazamiento** del objeto, en otras una **transformación** o conversión del objeto. En algunas, como verá en breve, se **reconoce** una propiedad o identidad del objeto.

En cualquier caso, 把 se utiliza cuando queremos especificar que el resultado de una acción **afecta particularmente al objeto** y no a la acción en sí.

Observe el siguiente ejemplo:

tā hē wán jiǔ le
他喝完酒了。
Se ha bebido todo el vino.
Ha terminado de beber vino.

En la frase anterior el complemento de resultado 完 puede referirse tanto al objeto (酒) como a la acción (喝), por lo tanto el significado de la frase podría ser **Se ha bebido todo el vino** o **Ha terminado de beber vino**. Si usamos la estructura 把, en cambio, resulta más claro que el resultado de la acción afecta al objeto resaltado con la partícula 把 y el significado solo puede referirse a:

tā **bǎ** jiǔ hē wán le
他**把**酒喝完了。
Se ha bebido todo el vino.

Una alternativa con el mismo significado que no requiere el uso de la partícula 把 es utilizar la estructura de oración tema-comentario y poner el objeto (酒) como tema al principio de la frase:

jiǔ tā hē wán le
酒, 他喝完了。
El vino, se lo ha terminado todo.

42.1.3 EL VERBO NO PUEDE APARECER SOLO DESPUÉS DE 把

El verbo no puede aparecer solo después de 把. En muchas ocasiones como 把 indica una manipulación del objeto, el resto de la frase nos indica el resultado de dicha acción de modo que un complemento muy común es un completo de resultado. Si no se expone un resultado real no es posible utilizar esta construcción. Detrás del verbo debe haber un complemento de resultado u otro elemento aunque se trate de la partícula 了 o el mismo verbo reduplicado.

tā	bǎ	jiǎo zǐ	chī	wán	le
他	把	饺子	吃	完	了
Él		empanadillas	comer	terminar	
El se ha terminado las empanadillas					
Sujeto	Partícula	Objeto Complemento Directo	Verbo	Complemento de Resultado	Partícula

Por ejemplo, sería incorrecto utilizar 把 para enfatizar el objeto de la siguiente oración ya que en ella no se enuncia ningún resultado.

把衣服洗

En su lugar debería utilizar simplemente

xǐ yī fú
洗衣服
Lava la ropa

Serían correctos los siguientes dos ejemplos. En el primer ejemplo se utiliza 了 para indicar un cambio de estado como resultado y en la segunda oración se utiliza el complemento de resultado 干净.

bǎ yī fú xǐ le

把衣服洗了

Lavó la ropa.

bǎ yī fú xǐ gānjìng

把衣服洗干净

Lava bien la ropa.

Contenidos relacionados

26.3.29 Complemento de resultado 干净

En la siguiente oración sucede lo mismo, no se expone un resultado concreto así que tampoco es posible utilizar la estructura con 把.

这活儿把我累

Podríamos, de nuevo, añadir un complemento de resultado, por ejemplo en este caso 坏

zhè huó ér bǎ wǒ lèihuài le

这活儿把我累坏了

Esta faena me ha dejado cansado.

Si el verbo tiene dos silabas sí que puede cerrar la estructura

wǒ bǎ mén dǎ kāi

我把门打开

Abro la puerta.

Ciertas partículas de aspecto también pueden aparecen al final de estas oraciones:

Contenidos relacionados

42.2 Uso de 把 con partículas de aspecto

Los distintos elementos y complementos que pueden acompañar a 把 son muy variados. Los enumeramos a continuación:

Complemento de resultado

En general, la oración con 把 con complemento de resultado se utiliza para expresar un cambio de posición o estado de algo o alguien como resultado de una acción. Así, se utiliza la construcción con 把 para enfatizar el **resultado** de la acción sobre el objeto.   Este aspecto ya fue expuesto detenidamente cuando se trataron los distintos complementos de resultado en el anterior volumen.

Contenidos relacionados

26.2.2 El complemento de resultado y las oraciones con 把

Algunos complementos de resultado pueden especificar como ha acabado una acción, bien, mal, satisfactoriamente... Ciertos complementos de resultado especifican el estado en el que ha quedado un objeto como roto, limpio ... En general el agente ejerce y finaliza una acción que causa al paciente un cambio de **estado**, como en:

wǒ bǎ zuò yè xiě wán
我把作业写完
He terminado los deberes.

tā bǎ pán zi dǎ pò le
他把盘子打破了。
Rompió el plato.

zhè ge hái zi bǎ wǒ de diàn nǎo nònghuài le
这个孩子把我的电脑弄坏了。
Este niño rompió mi ordenador.

wǒ **bǎ** zuò yè **zuòwán** le
我把作业做完了

He terminado las tareas.

qǐng **bǎ** qián **fànghǎo**
请把钱 放好

Por favor, guarda bien el dinero.

wǒ **bǎ** nǐ de yī fú **xǐ gānjìng** le
我把你的衣服洗干净了。

Yo he lavado tu ropa.

tā **bǎ** chuānghù cā **gānjìng** le
他把 窗 户擦干净了

Él limpió las ventanas.

En general siempre es más **apropiado** formar las oraciones presentadas hasta ahora con 把 . **Esto se torna casi obligatorio cuando se usa un verbo de los que siguen a continuación.**

wǒ zài nǐ bāo lǐ fàng le yì zhāng zhàopiàn
我在你包里放了一张 照 片。

He puesto una foto en tu bolso

Vamos a ver varios verbos que ejercen un tipo de **acción sobre el objeto** y que además suelen ir seguidos de un complemento de resultado concreto. En español siempre traducimos por un verbo seguido de una preposición, como por ejemplo, **poner en**, **traducir a** ...

En muchos otros casos se indica un **desplazamiento del objeto** y debe indicarse el lugar donde a acabado el objeto tras realizar la acción.

Es el caso del verbo 放 con el significado de **poner** o **colocar:**

fàng

放

Poner

wǒ 我 Yo	bǎ 把	zhàopiàn 照片 Foto	fàng 放 Poner	zài 在 En	nǐ bāo 你包 ㄌㄧ 里 Tu bolso	le 了
El se ha terminado las empanadillas						
Sujeto	Partícula	Objeto Complemento Directo	Verbo	在	Lugar	Partícula

Observe que en la mayoria de ejmeplos aparece usado junto a 在:

wǒ bǎ zhàopiàn **fàngzài** nǐ de bāo lǐ le
我把照片**放在**你的包里了。
Puse las fotos en tu bolsa.

bǎ yī fú **fàngzài** nǎ ér
把衣服**放在**哪儿
¿Donde has puesto la ropa?

bǎ yī fú **fàngzài** chuángshàng ba
把衣服**放在**床 上吧。
Pon tu ropa en la cama.

lǎoshī bǎ zhǐ **fàngzài** zhuōzǐ shàng
老师把纸**放在**桌子上。
El profesor poner el papel encima la mesa

xīfāngrén bǎ shíwù **fàngzài** zìjǐ de pánzǐ lǐ
西方人把食物**放在**自己的盘子里。
Los occidentales ponen la comida en el plato.

En el caso de 放 es posible utilizar también 到 para introducir el lugar en el que acaba el objeto tras su manipulación:

wǒ **bǎ** nǐ de kù zi **fàngdào** yǐ zǐ shàng
我把你的裤子**放到**椅子上。
He dejado tus pantalones encima de la silla

wǒ bāng nǐ **bǎ** yī fú **fàngdào** xíng lǐ xiāng lǐ ba
我帮你把衣服**放到**行李箱里吧。
Déjame ayudarte a poner tu ropa en la maleta.

Observe que estas estructuras suelen cerrarse con 上, 下 o 里 que ejercen la función de **posposiciones**:

Contenidos relacionados
_____

13.1.1 Expresando localización con 在
26.3.33 Complemento de resultado 在

Otros verbos que se utilizan de una manera análoga en oraciones con también suelen utilizarse junto a 在:

tā **bǎ** zhè xiē hàn zì **xiě zài** běn zǐ shàng
他把这些汉字**写在**本子上。
Escribió estos caracteres chinos en su libro.

Determinados verbos que por su significado indican el desplazamiento de un objeto suelen utilizar esta estructura emparejados con 到 que introduce el lugar donde se ha desplazado el objeto.

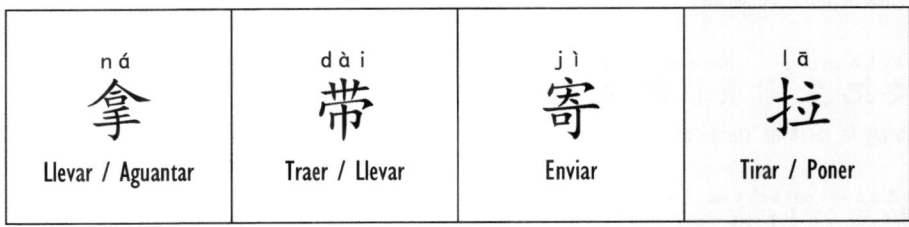

ná	dài	jì	lā
拿	带	寄	拉
Llevar / Aguantar	Traer / Llevar	Enviar	Tirar / Poner

tā **bǎ** wǒ de bǐ **ná dào** le zhuō zi shàng
她把我的笔**拿到**了桌子上。
Llevó mi bolígrafo al escritorio.

tā bǎ yǐ zǐ lā dào zhuō zi bàngbiān
他把椅子拉到桌子傍边

El puso la silla junto a la mesa.

wǒ bǎ nǐ men dài dào zhè ér
我把你们带到这儿

Os he traído aquí.

wǒ xū yào bǎ xìn jì dào shànghǎi
我需要把信寄到上海

Necesito enviar la cartas a Shanghai.

En otros casos se indica la **transformación o conversión del objeto** en otra cosa. Es el caso de verbos como **traducir a**, **cortar en** o **cambiar a**:

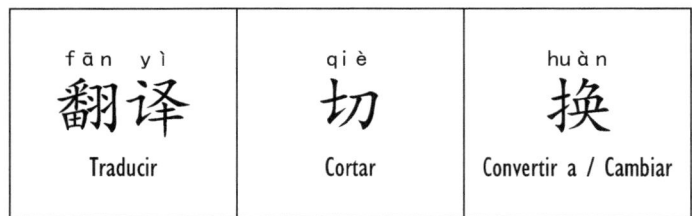

fān yì	qiè	huàn
翻译	切	换
Traducir	Cortar	Convertir a / Cambiar

tā bǎ zhè ge cí fānyì chéng yīngwén
他把这个词翻译成英文。

Tradujo la palabra al inglés.

bǎ yīngbàng huàn chéng rénmínbì
把英镑换成人民币。

Convertir libras en yuanes

yào bǎ shēng rì dàngāo qiè chéng xiǎokuài
要把生日蛋糕切成小块。

Cortar la tarta de cumpleaños en trozos pequeños.

bǎ dàngāo qiè chéng sì kuài
把蛋糕切成四块。

Partir el pastel en cuatro trozos.

Contenidos relacionados

26.3.32 Complemento de resultado 成

En otros casos la oración **reconoce** una **propiedad** o **identidad** del objeto. Sucede cuando se utilizan verbos con el significado **considerar como**, **ejercer de**, **actuar como** o **usar como**. En este caso aparecen junto a 成 o 作:

dāng

当

Ejercer / Usar / Ver / Tratar / Considerar como

zhōngguórén bǎ chá dāngchéng yào
中国人把茶当成药

Los chinos usan el té como una medicina.

cháshì bèi dāngzuò yì zhǒng yào
茶是被当作一种药

El té se utiliza como medicina.

wǒ bǎ chūchāi dāngzuò shì yì zhǒng tèbié de lǚxíng
我把出差当作是一种特别的旅行。

Veo los viajes de negocios como un tipo especial de viaje.

wǒ hái jìde zìjǐ dì yī cì zuòfàn de shíhòu
我还记得自己第一次做饭的时候，

bǎ yán dāngchéng le táng fàngjìn le càilǐ   dǎozhì zuìhòu chéngpǐn hěn xián
把盐当成了糖放进了菜里，导致最后成品很咸。

Todavía recuerdo que la primera vez que intenté cocinar.

tā bǎ wǒ dāngzuò zuì hǎo de péngyǒu
他把我当作最好的朋友。

Me trata como su mejor amigo.

Otros verbos que van acompañados de 成 son los siguientes:

bǎ zhè ge dìfāng fāzhǎnchéng chéngshì
把这个地方发展成城市

Desarrollar este lugar en una ciudad.

tā bǎ chūchāi kànchéng shì shénme
他把出差看成是什么?

¿Cómo ve los viajes de negocios?

Otros verbos como 叫 o 看 también pueden ir seguidos de 作.

wǒ men **bǎ** tā **kànzuò** lǎoshī
我们**把**他**看作**老师。
Le tratamos como a un profesor.

wǒ men **bǎ** dì qiú **jiàozuò** dì qiú cūn
我们**把**地球**叫作**地球村
Llamamos a la Tierra una aldea global.

zhōngguórénbǎ huánghé **jiàozuò** mǔqīnhé
中国人把黄河叫作母亲河
Los chinos llaman al río Amarillo el río madre.

Complemento de dirección

Los verbos presentados en el punto anterior que indican el desplazamiento de un objeto pueden aparecer en este tipo de construcciones acompañados de un complemento de dirección que cierre cerrando la estructura. Observe que en este caso el uso del complemento de dirección se torna indispensable, ya que no se hace mención al lugar donde finaliza el objeto manipulado y de nuevo la estructura no puede acabar de forma abrupta con el verbo. De modo que añadir los verbos 去 o 来 al cierre de la estructura hace que la oración suene natural, de otro modo sonaría incompleta.

nǐ **bǎ** nǐ de hùzhào**dàilái**
你把你的护照带来。
Has traído tu pasaporte.

nǐ **méiyǒubǎ** nàběnshū **ná qù**
你没有把那本书拿去。
No has cogido el libro.

wǒ **bǎ** túshūguǎn de shū **ná lái** le
我把图书馆的书拿来了。
Traje el libro de la biblioteca.

tā **bǎ** zhàoxiàngjī **dàihuíjiā qù** le
他把照相机带回家去了
Se llevó la cámara a casa.

nǐ kě yǐ **bǎ** shū **nádào**fángjiānlǐ **láima**
你可以把书拿到房间里来吗
¿Puedes traer el libro a la habitación?

tā **bǎ** diànshì **ná dào** wòshì **qù**

她**把**电视**拿到**卧室**去**。

Llevó la TV a la habitación.

nǐ **bǎ** péngyǒumen **dài dào** nǎ ér **qù** le

你**把**朋友们**带到**哪儿**去**了

¿Dónde has llevado a tus amigos?

wǒ yào **bǎ** qián **jì dào** zhōngguó **qù**

我要**把**钱**寄到**中国**去**。

Quiero enviar el dinero a China.

Contenidos relacionados

---

34 El complemento de dirección
45 Complementos compuestos de dirección

Complemento de estado

En este caso lo que se enfatiza es el **modo** en el que se realiza la acción sobre el objeto:

tā **bǎ** rénwǎngsǐ lǐ dǎ

他**把**人往死里打。

Él pegó a una persona con mucha rabia.

tā **bǎ** qiánwǎngshuǐ lǐ rēng

她**把**钱往水里扔。

Ella malgastó el dinero.

tā men **bǎ** dōngxī luàndiū

他们**把**东西乱丢。

Ellos tiraron las cosas por todos lados.

wǒ **bǎ** tā wǎngwàigǎn

我**把**他往外赶。

Lo empujé hacia fuera.

Contenidos relacionados

---

22 El complemento de estado o complemento de manera

Complemento de frecuencia

En este caso la acción que se realiza causa un cambio sobre el objeto que se relaciona directamente con la **frecuencia**.

wǒ **bǎ** nǐ xiě de xìn kàn le **liǎngbiàn**
我**把**你写的信看了**两遍**。

He leído la carta que has escrito dos veces.

bǎ huà shuō le **yī biàn**
把话说了**一遍**。

Lo dijo una vez.

Contenidos relacionados

23.2 Expresando la frecuencia de una acción

Complemento de duración

En este caso se realiza una acción sobre el objeto que dura cierto tiempo, o bien la acción que se realiza causa un cambio sobre el objeto que se relaciona directamente con la duración a o el tiempo sobre el objeto.

jǐngchá **bǎ** xiǎotōuguān le **liǎnggè yuè**
警察把小偷关了**两个月**

La policía encarcelo al ladrón dos meses.

wǒ **bǎ** nàozhōngguān le **yí gè xiǎoshí**
我把闹钟关了**一个小时**。

Apagué el despertador durante una hora.

wǒ **bǎ** chuānghù dǎ kāi**wǔ fēnzhōng**
我把 窗 户打开**五分 钟** 。

Abrí la ventana durante cinco minutos.

wǒ **bǎ** bǐsàidǎ le **bàngè zhōngtóu**
我把比赛打了**半个 钟 头**

Jugué el partido durante media hora.

wǒ **bǎ** huìyì tíqián**sānshí fēnzhōng**
我把会议提前**三十分 钟**

Adelanté la reunión treinta minutos.

wǒ **bǎ** jiāofù chí **liǎngtiān**
我把交付迟 **两 天** 。

Retrasé la entrega dos días.

Contenidos relacionados

23.1 Expresando la duración de una acción

298

Marcador de duración breve

mèimèi **bǎ** fángjiān shōushi le **yí xià**
妹妹 **把** 房 间 收 拾 了 **一下**

Mi hermana menor ordeno un poco la habitación.

qǐng **bǎ** nǎ xiē shuǐguǒ **xǐ yì xǐ**
请 **把** 哪些 水 果 **洗一洗**。

Por favor, lave qué frutas.

nǐ **bǎ** dà xué de qíngkuàng gěi wǒ **jièshàojièshào**
你 **把** 大 学 的 情 况 给 我 **介绍介绍**。

Me das la información sobre la situación en la universidad.

Contenidos relacionados
_____

23.1.2 Expresando acciones cortas con 一下 o 一会儿
23.1.4 Expresando acciones cortas mediante la duplicación del verbo

Tras esta larga exposición sobre que tipo de complementos pueden cerrar una estructura con 把 lo que debe quedar claro es que **siempre se debe añadir otro elemento después de un verbo de una sílaba** aunque se trate de la partícula 了 o el mismo **verbo reduplicado**.

tā **bǎ** chuānghù **kāikāi**
他 **把** 窗 户 **开开**

Abrió la ventana.

tā **bǎ** chuānghù **kāi le**
他 **把** 窗 户 **开了**

Abrió la ventana.

Cerramos este punto recordando una vez más que un verbo con dos silabas sí puede cerrar la estructura:

tā **bǎ** chuānghù **dǎkāi**
他 **把** 窗 户 **打开**

Abrió la ventana.

42.2 USO DE 把 CON PARTÍCULAS DE ASPECTO

Como habíamos avanzado no hace mucho es común formar oraciones con 把 con las partículas 了 o 着. Observe que en este caso las posibles partículas de aspecto que es posible utilizar para cerrar la oración difieren de las partículas utilizadas en las oraciones con 被.

把 se puede combinar con 了, ya que se expone o se sobreentiende un **resultado** implícito o un cambio de estado, nos indica una acción **completada** sobre un **objeto** manipulado que se enfatiza con una frase que utiliza 把.

wǒ **bǎ** zuò yè zuò **le**
我把作业做了
Terminé de hacer los deberes.

tā **bǎ** háizǐ dǎ kū **le**
他把孩子打哭了
Él pega al niño y éste llora.

shuí **bǎ** ménsuǒ le
谁把门锁了?
¿Quién cerró la puerta?

nǐ **bǎ** fànchī **le**
你把饭吃了
Cómete la comida.

tā **bǎ** kāfēihē le
他把咖啡喝了
Se bebió el café.

bǎ cháhē le
把茶喝了
Bebió té.

着 también puede cerrar la oración formada con 把 e indicar **persistencia** en una oración **imperativa**. Dicho de otro modo, el agente ejerce sobre el objeto una **acción continua** que hace permanecer al mismo en un **estado inmutable**.

bǎ ménkāi **zhe**
把门开着
Mantén la puerta abierta

bǎ yǎnjīngbì **zhe**
把眼睛闭着
Mantén los ojos cerrados

bǎ wǎnduān **zhe**
把碗端着
Sostén el bol.

Por recapitular lo visto hasta ahora vamos a exponer un ejemplo por contraste que esperamos le sirva para acabar de entender la diferencia entre ambas:

Es posible utilizar la frase que sigue cuando, por ejemplo la puerta está cerrada y se pretende indicar a alguien que vaya y abra la puerta

bǎ méndǎ kāi
把门打开
Abre la puerta.

La siguiente nos indica que la puerta está abierta y debe permanecer abierta. Por ejemplo cuando alguien sale de la habitación y pretende cerrar la puerta, la persona que está dentro dice:

bǎ mén kāi **zhe**

把门开着。

Deja la puerta abierta.

Por último la siguiente sentencia es meramente informativa y no pretende que se inicie ninguna acción al oírla. Nos indica simplemente que la acción de abrir la puerta está completa.

bǎ mén dǎ kāi **le**

把门打开了

La puerta está abierta.

Tenga en cuenta que la partícula 过 que sitúa la acción o experiencia en el pasado, por lo que sugiere que el objeto ya no está presente, no es adecuada en este tipo de frases.

42.3 LA NEGACIÓN EN ORACIONES CON LA PARTÍCULA 把

Los adverbios de negación se sitúan **antes** de la partícula 把

wǒ **méiyǒubǎ** xiāoxī gàosù tā

我**没有把**消息告诉他

No le he contado la noticia.

nǐ **bié bǎ** wǒ shuō de huà gàosù jīnglǐ

你**别把**我说的话告诉经理。

No le digas al gerente lo que dije.

nǐ **méi bǎ** shū gěi wǒ

你**没把**书给我。

No me diste el libro.

nǐ **méiyǒubǎ** nà běn shū ná qù

你**没有把**那本书拿去。

No te llevaste ese libro.

bié bǎ yàoshi ná gěi dìdì

别把钥匙拿给弟弟。

No cojas las llaves de tu hermano.

nǐ **méiyǒubǎ** qián zhǎo wǒ le

你**没有把**钱找我了。

No me diste el dinero.

bié bǎ shǒujī wàng le

别把手机忘了。

No olvides tu teléfono.

wǒ **méiyǒubǎ** nǐ de diànnǎo fàng zài shūbāo lǐ

我**没有把**你的电脑放在书包里。

No he puesto tu ordenador en tu mochila.

tā **méiyǒubǎ** nǐ gěi tā de lǐwù sòng gěi jiějiě

他**没有把**你给他的礼物送给姐姐。

No le dio a su hermana el regalo que tú le diste.

nǐ **bié bǎ** zhè běn shū sòng gěi tā   tā bù xǐhuān zhè běn shū

你**别把**这本书送给他,他不喜欢这本书。

Este libro no se lo regales a él, a el no le gusta este libro.

Vimos que 不 se utiliza para negar acciones habituales o intenciones. Así no es muy común que aparezca en oraciones con 把

tā **bù bǎ** chē jiè gěi tā

他**不把**车借给她。

No esta dispuesto a dejarle el coche.

wǒ **bù bǎ** shū jiè gěi nǐ

我**不把**书借给你。

No te prestaré el libro.

42.4 USO DE 把 JUNTO A VERBOS AUXILIARES

Los verbos auxiliares también deben situarse delante de 把.

tā **yuànyì bǎ** qiángěiqǐgài
他 **愿意把** 钱给乞丐

Él quiere darle dinero al mendigo.

wǒ **néngbǎ** méndǎkāima
我 **能把** 门打开吗

¿Puedo abrir la puerta?

tā **xiǎngbǎ** zhèběnshūfānyì chéngzhōngwén
他 **想把** 这本书翻译 成 中 文。

Quiere traducir este libro al chino.

Si aparece algún verbo auxiliar y un adverbio de negación simultáneamente, **la negación se sitúa antes del verbo auxiliar**.

tā **bù kěnbǎ** chējiègěitā
他 **不肯把** 车借给她

No esta dispuesto a dejarle el coche.

wǒ **bù yàobǎ** zuò yè zuòwán le
我 **不要把** 作业做完了

No quiero acabar los deberes.

A no ser que lo que se quiera negar sea precisamente la acción que expresa el verbo:

nǐ **néngbù** bǎ lā jī dǎozhè ér ma
你 **能不** 把垃圾倒这儿吗

¿Puedes no tirar la basura aquí?

Los complementos circunstanciales de tiempo y de duración se colocan delante y detrás de 把 respectivamente:

zuótiānwǎnshàngwǒ bǎ zuò yè zuòwán le
昨天晚上我把作业做完了。

Anoche terminé mi tarea.

<ruby>他<rt>tā</rt></ruby><ruby>把<rt>bǎ</rt></ruby><ruby>这<rt>zhè</rt></ruby><ruby>本<rt>běn</rt></ruby><ruby>书<rt>shū</rt></ruby><ruby>读<rt>dú</rt></ruby><ruby>了<rt>le</rt></ruby><ruby>一<rt>yí</rt></ruby><ruby>个<rt>gè</rt></ruby><ruby>小<rt>xiǎo</rt></ruby><ruby>时<rt>shí</rt></ruby>。

tā bǎ zhè běn shū dú le yí gè xiǎo shí
他把这本书读了一个小时。
Él leyó este libro durante una hora.

wǒ bǎ zhè xiē wén jiàn zhěng lǐ hǎo le liǎng tiān
我把这些文件 整理好了 两 天。
Me llevó dos días organizar estos documentos.

42.5 Uso de 把 EN PREGUNTAS

La interrogación con 把 sigue las mismas estructuras que en otras preguntas.

nǐ **bǎ** zuò yè zuòwán le **ma**
你**把**作业做完了**吗**?

¡Terminaste los deberes?

nǐ **bǎ** fángjiān shōushi gānjìng le **méi**
你**把**房间收拾干净了**没**?

¡Has ordenado tu habitación?

nǐ yào wǒ **bǎ** qián fàng zài **nǎ lǐ**
你要我**把**钱放在**哪里**?

¡Dónde quieres que ponga el dinero?

nǐ **bǎ** biǎo tián le **ma**
你**把**表填了**吗**

¡Has rellenado el formulario?

42.6 Uso de 把 EN LAS ORACIONES CON VERBOS DATIVOS

Los **verbos dativos**, son muy propensos a aparecer en las oraciones con tipo de construcciones dado su significado de **entregar** o **dar algo a alguien**.

tā **bǎ** shū **gěi** wǒ le
他**把**书**给**我了。

Me dio el libro.

tā **bǎ** shū **ná** gěi lǐ xiānshēng
他**把**书**拿**给李先生。

Le da el libro al Sr. Li.

nǐ **bǎ** nǐ de hùzhào **gěi** wǒ
你**把**你的护照**给**我

Me diste tu pasaporte.

^{tā} **bǎ** ^{zì xíngchē jiè}**gěi**^{wǒ} le
他**把**自行车借**给**我了。

Me prestó su bicicleta.

^{nǐ wàng jì} **bǎ** ^{shū}**gěi**^{wǒ} le
你忘记**把**书**给**我了。

Te olvidaste de darme el libro.

^{bà bà} **bǎ** ^{nà jiàn hēi sè dà yī}**gěi** le ^{mā mā}
爸爸**把**那件黑色大衣**给**了妈妈。

Mi padre le dio a mi madre esa prenda negra.

^{wǒ} **bǎ** ^{zhuō zǐ shàng de nà běn shū}**gěi** le ^{lǎo shī}
我**把**桌子上的那本书**给**了老师。

Le di el libro que está encima de la mesa a la profesora.

^{sī} ^{jī} **bǎ** ^{wǒ} **sòng** ^{dào} ^{jī} ^{chǎng} ^{de} ^{shí} ^{hòu}
司 机 **把** 我 **送** 到 机 场 的 时 候 ，
^{wǒ cái fā xiàn wàng jì dài qián bāo le}
我才发现忘记带钱包了。

Cuando el conductor me dejó en el aeropuerto, me di cuenta de que había olvidado la cartera.

Contenidos relacionados
_____

25.2 Verbos con complemento directo e indirecto. Verbos dativos

26.3.34 Complemento de resultado 给

También encontramos 把 junto a otros verbos dativos, estos verbos normalmente indican dar un objeto a alguien.

^{tā} **bǎ** ^{lǐ wù} **sòng**^{nǐ}
他**把**礼物**送**你

Te dio su regalo.

^{wǒ kě yǐ} **bǎ** ^{wǒ huà}**sòng**^{nǐ}
我可以**把**我画**送**你

Puedo darte mi pintura.

^{tā} **bǎ** ^{tā de zì xíngchē jiè}**gěi**^{wǒ} le
他**把**他的自行车借**给**我了。

Me prestó su bicicleta.

wǒ **bǎ** zhè běn shū **gěi tā jì** guò qù

我把这本书给他寄过去。

Le envié este libro.

míng tiān wǒ huì **bǎ** zhè běn shū **huán gěi nǐ**

明天我会把这本书还给你。

Mañana te devolveré este libro.

nǐ **bǎ** nǎi nǎi jiā de dì zhǐ **xiě gěi wǒ**

你把奶奶家的地址写给我。

Escríbeme la dirección de la casa de la abuela.

wǒ men děi **bǎ** zhè ge jīng rén de xiāo xi **bào gào** gěi tā men

我们得把这个惊人的消息报告给他们。

Tenemos que informarles de esta increíble noticia.

---

qǐng dì gěi wǒ yí gè sháo zi

请递给我一个勺子

qǐng dì gěi wǒ yì bǎ sháo zi

请递给我一把勺子

qǐng gěi wǒ yí gè sháo zi

请给我一个勺子

Por favor, pásame una cuchara

qǐng bǎ sháo zi dì gěi wǒ

请把勺子递给我

Por favor, pásame la cuchara

42.7 VERBOS CON LOS QUE NO ES POSIBLE UTILIZAR LA PARTÍCULA 把

Las oraciones con 把 sólo puede usarse con **verbos transitivos**, verbos que indiquen una **acción**, que tengan el sentido de **ejecutar** o **manipular** el objeto y que expresen una **influencia activa** sobre el mismo.

Los siguientes verbos **no pueden ser utilizados** como predicado verbal de las oraciones con 把:

Los **intransitivos** como:

lǚ xíng 旅行 Viajar	lǚ yóu 旅游 Hacer turismo	yóu yǒng 游泳 Nadar	tiào wǔ 跳舞 Bailar
hé zuò 合作 Cooperar	jié hūn 结婚 Casarse	shuì jiào 睡觉 Dormir	chī fàn 吃饭 Comer

No es posible utilizarla con verbos que expresen **sentimientos** o **percepciones** como 看见, 听见, 闻见, 感到, 感觉, 觉得, 以为, 认为, 知道 ... ni tampoco se puede utilizar con verbos que expresan un **estado mental**, **juicio** o **estado** como 同意, 讨庆, 生气, 关心, 怕, 愿意 ...

zhī dào 知道 Saber	gǎn dào 感到 Sentir	jué de 觉得 Creer	xī wàng 希望 Esperar, Desear
kě wàng 渴望 Aspirar	qī wàng 期望 Desear	xǐ huān 喜欢 Gustar	ài 爱 Amar
yāo qiú 要求 Exigir	kàn jiàn 看见 Ver	tīng jiàn 听见 Oír	wén jiàn 闻见 Oler
tóng yì 同意 Estar de acuerdo	yuàn yì 愿意 Estar dispuesto a	guān xīn 关心 Tener cuidado de Asistir a	gǎn jué 感觉 Sentir
shēng qì 生气 Estar enfadado	pà 怕 Temer Tener miedo	rèn wéi 认为 Pensar Considerar Plantearse	yǐ wéi 以为 Pensar Reflexionar

Tampoco con aquellos que expresan **presencia** o **existencia** como 有, 在 o 是

yǒu	shì	zài	cún zài
有	是	在	存在
Haber, Tener	Ser, estar	Estar	Existir

o aquellos que expresan **equivalencia** como 不如 o 等于:

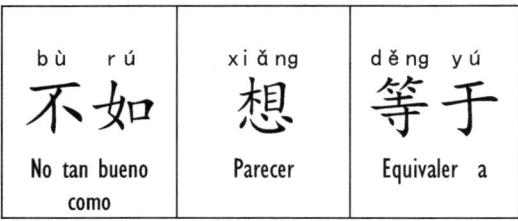

bù rú	xiǎng	děng yú
不如	想	等于
No tan bueno como	Parecer	Equivaler a

o un **estado físico** como 站, 坐, 躺, 蹲, 趴 o 跪

zhàn	zuò	tǎng	cún	pā	guì
站	坐	躺	蹲	趴	跪
Estar de pie	Sentarse	Tumbarse	En cuclillas	Tumbarse Echarse Recostarse	Ponerse de rodillas

Por último, tampoco debe usarse con aquellos verbos que indican **dirección** o **tendencia** como 去, 上, 下, 起来, 过去 ...

shàng **上** Subir	xià **下** Bajar	jìn **进** Entrar	chū **出** Salir
huí **回** Volver	dào **到** Llegar	guò **过** Cruzar	qǐ **起** Levantarse

Básicamente debe recordar que en las oraciones con la partícula 把 no se pueden usar verbos que no tienen esta función de ejecutar o manipular un determinado objeto. Así, no es posible trasformar ninguna de las siguientes oraciones a oraciones que utilicen la estructura con 把:

wǒ zhīdào tā de míngzì
我知道他的名字
~~我把他的名字知道~~
Yo sé su nombre

tā ài tā mèimei
他爱他妹妹。
~~他把他妹妹爱。~~
Él quiere a su hermana

nǐ kànjiàn le wǒ de dōngxī ma
你看见了我的东西吗？
~~你把我的东西看见了吗？~~
¿Has visto mis cosas?

dàjiā dōu tóngyì zhè ge jìhuà
大家都同意这个计划。
~~大家把这个计划同意了~~
Todos estuvieron de acuerdo con el plan.

tā zài shā fā shàng zuò le yí huìr ér
他在沙发上坐了一会儿。

~~他把沙发坐了一会儿~~

Se sentó en el sofá un rato.

wǒ qù le yí cì xī ān
我去了一次西安。

~~我把西安去了一次~~

Fui a Xian una vez.

43 MÁS USOS DE 给

43.1 给 EN SU FUNCIÓN COMO PARTÍCULA AUXILIAR

给 como partícula auxiliar puede usarse en las oraciones que utilizan 把 y 被 para enfatizar el resultado de la acción, pero su uso se restringe al ámbito coloquial.

Observe el siguiente par de oraciones donde se ha añadido la partícula auxiliar 给 delante del verbo. El significado de la oración queda inalterado, aunque el sentido de ropa sucia queda enfatizado. Además la segunda oración tiene un tono muy coloquial incluso inapropiado para su uso escrito.

bǎ yī fú nòng zāng le
把衣服弄脏了
Se ha manchado la ropa.

bǎ yī fú gěi nòng zāng le
把衣服给弄脏了
Se ha manchado la ropa.

Para el caso de las oraciones con 被 de nuevo 给 aparece justo delante del verbo y se enfatiza la acción y el cambio producido tras ella.

lǎo shǔ bèi māo chī le
老鼠被猫吃了
El ratón ha sido comido por el gato.

lǎo shǔ bèi māo gěi chī le
老鼠被猫给吃了
El ratón ha sido comido por el gato.

Más ejemplos de 给 como partícula auxiliar son los siguientes:

xué shēng bǎ zhè yì kè de liàn xí gěi zuò wán le
学生把这一课的练习给做完了。
Los estudiantes han terminado todos los ejercicios de esta clase.

bà bà bǎ mā mā de qǐng qiú gěi wàng dé yì gān èr jìng
爸爸把妈妈的请求给忘得一干二净。
Mi padre se ha olvidado por completo de lo que le pidió mi madre.

chē bèi hóng shuǐ gěi chōng zǒu le
车被洪水给冲走了。
El agua de la inundación se ha llevado al coche.

43.2 给 COMO SUBSTITUTO DE LA PARTÍCULA 把

En contextos orales muy coloquiales, la preposición 给 puede ser sustituta de la partícula 把. Para que 给 pueda sustituir a 把, es necesario que la oración carezca de complemento directo y que esté cerrada por un complemento de resultado y la partícula 了.

jīn tiān de kè bǎ wǒ lèi sǐ le
今天的课把我累死了
La clase me ha hecho estar muy cansado.

jīn tiān de kè gěi wǒ lèi sǐ le
今天的课给我累死了
La clase me ha hecho estar muy cansado.

Lo mismo sucede en las siguientes oraciones:

jīn tiān de dà fēng bǎ wǒ men dòng huài le
今天的大风把我们冻坏了。
jīn tiān de dà fēng gěi wǒ men dòng huài le
今天的大风给我们冻坏了。
El vendaval de hoy nos ha dejado helados.

xīn wén bǎ dà jiā hè dào le
新闻把大家吓到了。
xīn wén gěi dà jiā hè dào le
新闻给大家吓到了。
La noticia ha asustado a todo el mundo.

43.3 PALABRAS QUE INCLUYEN EL CARÁCTER 给

Por último, se hace necesario mencionar que el carácter 给 tiene una segunda pronunciación que hace referencia a un morfema cuyo significado está muy relacionado con los términos **entregar** y **dar**, pero que tan solo puede aparecer formando parte de unidades léxicas de dos o más caracteres.

Aparece en palabras como 给养, cuyo significado es **provisiones** o la expresión 自给自足 con el significado de **ser autosuficiente**. Ejemplos de uso de ambos términos siguen a continuación:

dí rén de **jǐ yǎng** hào jìn le
敌人的**给养**耗尽了。
Al enemigo se le han acabado las provisiones.

wǒ fēi cháng xiàn mù nà xiē guò zhe **zì jǐ zì zú** shēng huó de rén
我非常 羡慕那些过着**自给自足** 生 活的人。
Envidio a las personas que son capaces de llevar una vida totalmente autosuficiente.

44 MÁS CONSTRUCCIONES CON VERBOS EN SERIE

En anteriores puntos vimos varios tipos de oraciones que utilizan verbos en serie para expresar distintas relaciones entre los mismos. En el primero de estos tipos, la acción descrita por el segundo verbo es el **propósito** del primero. En el segundo de los tipos el primer verbo expresaba la manera o la **forma en la que sucede** la segunda acción. Vimos varios ejemplos de este tipo de oración cuando estudiamos coverbos como 坐 o 骑.

bà bà zǎoshàngjiǔdiǎn qù gōngsī gōngzuò
爸爸早上九点去公司工作

Mi padre va a la empresa a trabajar a las nueve de la mañana.

wǒ men zuò dì tiě qù shànghǎi
我们坐地铁去上海。

Tomamos el metro para ir a Shanghai.

Contenidos relacionados

12 Construcciones de verbos en serie
12.1 Expresando propósito con construcciones de verbos en serie
28.6 Expresando modo de transporte con 坐 y 骑

También debería ya resultarnos familiar su uso para expresar **acciones sucesivas**.

tā chī le fàn   chūmén le
他吃了饭，出门了。

Después de comer, ha salido de casa

Contenidos relacionados

12.2 Expresando secuencia con construcciones de verbos en serie

En los siguientes puntos gramaticales vamos a presentar algunas estructuras que contienen varias oraciones y se organizan entorno a una **palabra bisagra**. Con palabra bisagra nos referimos a una palabra que tiene doble función En una oración podrá tendrá una función gramatical mientras que en la segunda oración puede tener otra función gramatical distinta

Contenidos relacionados

44.1 VERBOS EN SERIE Y PALABRAS BISAGRA

Como hemos avanzado hace un momento una palabra bisagra es aquella que tiene una doble función. Observe como en el siguiente ejemplo tenemos dos oraciones con dos sujetos que se organizan entorno a una palabra bisagra. En este caso 我 que es el objeto de la primera oración es a su vez el sujeto de la segunda.

Aunque presentaremos la estructura de estas oraciones no insistiremos demasiado en ella. Al principio le podrá parecer algo complejo ver la relación que existe entre ambas oraciones y los verbos en serie pero rápidamente verá que en la mayoria de los casos en la traducción al español se debe añadir una **preposición** para completar el significado o traducirlo como una subordinada utilizando **que** como conjunción. En algunos casos los verbos en serie aparecen detrás de la palabra bisagra.

wǒ mā mā 我妈妈	ràng 让	wǒ 我	dào 到	fàn guǎn 饭馆	zhǎo 找	gè gōng zuò 个工作
Mi madre me pidió que consiguiera un trabajo en un restaurante.						
Sujeto 1	Verbo 1	Objeto 1 Sujeto 2	Verbo 2	Objeto 2	Verbo 3	Objeto 3

wǒ mā mā **ràng** wǒ dào fàn guǎn zhǎo gè gōngzuò
我 妈妈 **让** 我 到 饭馆 找 个 工作。
Mi madre me pidió que consiguiera un trabajo en un restaurante.

zěnyàng **qǐng** lǜ shī **bāngzhù** zì jǐ **dǎ** guānsī
怎样 **请** 律师 **帮助** 自己 **打** 官司。
Cómo conseguir un abogado que le ayude a luchar contra una demanda.

lǎoshī **jiào** wǒ men **yòng** zhōngwén **xiě** gè gù shì
老师 **叫** 我们 **用** 中文 **写** 个故事。
El profesor nos dijo que escribiéramos una historia en chino.

En todos los ejemplos anteriores se han usado verbos causativos. Estos verbos serán analizados con más detalle en el siguiente punto gramatical.

Contenidos relacionados

44.2 Los verbos causativos

Otras veces la construcción de verbos en serie aparece primero. En cualquier caso las oraciones, sin embargo pueden traducirse fácilmente añadiendo **preposiciones** que relacionen a los distintos verbos en serie. Observe, además que en español utilizamos más o menos el mismo orden. En el siguiente ejemplo se utilizan las preposiciones **para** y **a**:

tā 他	méi yǒu 没有	qián 钱	qǐng 请	dà jiā 大家	chī 吃	fàn 饭
No tiene dinero para invitar a comer a todo el mundo.						
Sujeto 1	Verbo 1	Objeto 1	Verbo 2	Objeto 2 Sujeto 2	Verbo 3	Objeto 3

O bien se traduce utilizando **que** como conjunción subordinante:

wǒ dǎ le gè diànhuà jiào tā xiàwǔ lái
我打了个电话叫他下午来。
Le llamé y le pedí que viniera por la tarde.

44.1.1 ORACIONES CON PALABRA BISAGRA CON EL VERBO 有

Si el primer verbo es 有 su **objeto** puede ser el **receptor de la acción** descrita por el segundo verbo. Así, el segundo verbo aparece sin complemento directo. Parece algo complicado pero en español utilizamos la misma estructura añadiendo de nuevo una preposición para unir ambas oraciones o utilizando una oración subordinada.

tā xiànzài **méiyǒu**shū kàn
他现在**没有**书看
No tiene un libro para leer en este momento

wǒ **yǒu**yí gè wèntí xiǎngwèn wèn nǐ
我**有**一个问题 想 问问你
Tengo una pregunta que hacerle.

wǒ **yǒu** yí gè lǐ wù yào sòng gěi nǐ

我有一个礼物要送给你。

Tengo un regalo para ti.

nǐ **méiyǒu** yī fú chuān

你没有衣服穿

No tienes nada que ponerte

yǒu shì qíng zuò

有事情做

Tener algo que hacer

méiyǒu fáng zi qù

没有房子去

No tener casa donde ir

méiyǒu zì xíng chē qí

没有自行车骑

No tener bicicleta en la que montar

méiyǒu bào kàn

没有报看

No hay periódico que leer

322

44.1.2 ORACIONES CON PALABRA BISAGRA CON VERBOS QUE EXPRESAN UN SENTIMIENTO

En algunas oraciones el **primer verbo** suele ser un verbo que expresa **amor, odio** o **gusto**. Normalmente el verbo principal es gustar, querer, odiar ... y la **segunda frase** nos **expone el motivo** o la causa del sentimiento ocasionado. Algunos verbos que pueden aparecer en primer lugar se muestran en la siguiente tabla:

xǐ huān 喜欢 Gustar	ài 爱 Querer	guài 怪 Culpar Reprochar	xiào huà 笑话 Reírse de
chēng zàn 称赞 Elogiar	kuā jiǎng 夸奖 Aplaudir Celebrar	xīn shǎng 欣赏 Admirar	xián 嫌 Disgustar Mostrar hostilidad Tener rencor

lǎo shī 老师	chēng zàn 称赞	tā 他	zuò zuò yè rèn zhēn 做作业认真
El profesor le elogió por hacer los deberes con cuidado			
Sujeto I	Predicado I		
	Verbo I	Objeto I Sujeto 2	Predicado 2

323

bà bà mā mā xǐ huān tā cōng míng
爸爸妈妈喜欢他聪明

A mamá y papá les gusta que él sea inteligente

gū niáng ài xiǎo huǒ zǐ tài dù chéng zhì
姑娘爱小伙子态度诚挚

Una chica ama a un joven con una actitud sincera.

lǎo shī chēng zàn tā zuò zuò yè rèn zhēn
老师称赞他做作业认真。

El profesor le elogió por haber hecho los deberes con cuidado.

lǐng dǎo pī píng xiǎo wáng gōng zuò mǎ hu
领导批评小王工作马虎

El líder criticó a Xiao Wang por su trabajo descuidado

Dado que la **segunda frase** nos **expone el motivo** o la causa del sentimiento ocasionado siempre podrá alternar esta estructura con 因为......所以

lǎo gōng xián hái zi bù nǔ lì
老公嫌孩子不努力

Al marido le disgusta el niño por no trabajar duro.

yīn wéi hái zi bù nǔ lì　　suǒ yǐ lǎo gōng xián hái zǐ
因为孩子不努力，所以老公嫌孩子

Al marido le disgusta el niño porque no trabaja duro.

Contenidos relacionados

31.1.1 Expresando porque ... Así que 因为......所以

44.1.3 ORACIONES CON PALABRA BISAGRA CON VERBOS QUE EXPRESAN CREENCIA O DENOMINACIÓN

En otro tipo de oraciones el primer verbo puede expresar una **creencia** o verbos que expresan como es **denominado** algo o alguien, como **ser llamado**, **ser conocido como** ...

jiào	rèn wéi	chēng	xuǎn
叫	认为	称	选
LLamarse	Pensar	Llamar	Seleccionar
	Creer	Denominar	Elegir

El verbo que sigue a la palabra bisagra es normalmente uno de los siguientes y es el que introduce la denominación o función del objeto de la oración.

wéi	zuò	dāng	shì
为	作	当	是
Ser conocido como	Hacer	Actuar como	Ser

dà jiā 大家	chēng 称	tā 他	wéi 为	dǎ gōng tóu 打工头 ér 儿
Todo el mundo lo considera el capataz			
Sujeto 1	Predicado 1			
	Verbo 1	Objeto 1 Sujeto 2	Verbo 2	
				Predicado 2

tóngxué men dōu rènwéi tā shì fú wù yuán
同学们都认为他是服务员。
Los estudiantes pensaban que era un camarero.

tā men xuǎn wǒ dāng zǔ zhǎng
他们选我当组长。
Me eligieron como jefe de grupo.

44.1.4 ORACIONES CON PALABRA BISAGRA CON EL VERBO 是

El objeto de la frase sera una frase verbal, adjetival o preposicional que dará mas detalles acerca del sujeto, indicando el **propósito** o la **razón**.

wǒ mén qǐng nǐ lái **shì** xiǎng zài tán yì tán nǐ de gōng sī wèn tí
我们请你来是 想 再谈一谈你的公司问题。
Le pedimos que viniera para hablar más de su empresa.

nǐ tóu yūn **shì** tài lèi le   bù shì bìng le
你头晕是太累了，不是病了。
Estás mareado porque estás muy cansado, no enfermo.

duì bù qǐ   wǒ méi yǒu lái **shì** bù zhī dào zhè jiàn shì
对不起，我没有来是不知道这件事。
Siento no haber venido porque no lo sabía.

wǒ bà bà xǐ huān shū   **shì** tā ràng wǒ qù xué de
我爸爸喜欢书，是他让我去学的。
A mi padre le gustan los libros, fue él quien me pidió que los aprendiera.

44.1.5 ORACIONES CON PALABRA BISAGRA SIN SUJETO CON EL VERBO 是

El verbo 是 puede ser usado para formar una oración con palabra bisagra. Dicha palabra tendrá una doble función en la oración. La oración no tiene sujeto, y el nombre o la frase verbal que sigue al verbo 是, que es el objeto del verbo 是 también funciona como el sujeto del segundo verbo de la oración.

En este tipo de oraciones la segunda parte de la oración está dedicado a **explicar una situación o a ofrecer una descripción**. El verbo 是 enfatiza al objeto que le sigue.

shì 是	wǒ 我	méi shuō qīng chǔ 没说清楚
Fui yo quien no lo dejó claro.		
Sujeto 1	Predicado 1	
Verbo 1	Objeto 1 Sujeto 2	Predicado 2

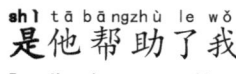

shì tā bāngzhù le wǒ
是他帮助了我
Fue él quien me ayudó.

shì fēng bǎ zhè zhāng huà guā xià lái le
是风把这张画刮下来了
Fue el viento el que hizo caer esta foto.

44.2 LOS VERBOS CAUSATIVOS

Los verbos **causativos** o **causales** son verbos usados para indicar lo que una persona o cosa hace o ayuda a hacer, juegan un papel fundamental al expresar cómo una persona causa, induce o hace que otra persona realice una acción. Así, los verbos causativos no expresan una acción realizada por el sujeto, sino por otros. Los verbos causales más comunes son:

shǐ 使 Hacer, Causar	jiào 叫 Ordenar Pedir Llamar	qǐng 请 Pedir Rogar Invitar	ràng 让 Permitir Hacer que, Dejar que

En este tipo de construcciones el objeto del primer verbo es también el sujeto del segundo verbo.

wǒ mā mā 我妈妈	ràng 让	wǒ 我	xué 学	zhōngwén 中文。
Mi madre me deja estudiar chino.				
Sujeto 1	Verbo 1	Sujeto 2	Verbo 2	Objeto Verbo 2

De nuevo como primer sujeto tenemos al sujeto de la oración principal mientras que el segundo sujeto es el sujeto de la oración subordinada. El verbo principal es el verbo causativo mientras el verbo que realiza la acción es el verbo de la oración subordinada.

wǒ liùsuì de shíhòuwǒ mā mā **ràng** wǒ xué zhōngwén
我六岁的时候我妈妈**让**我学中文。

Cuando tenia 6 años mi madre me permitió estudiar chino.

fù mǔ **ràng** wǒ chū qù wán ér

父母**让**我出去玩儿。

Mis padres me han dejado ir a jugar.

Otra característica de estos verbos es que nunca se presentan acompañados de partículas de aspecto.

~~我妈妈让了我学了汉语~~

wǒ mā mā **ràng** wǒ xué le hàn yǔ

我妈妈**让**我学了汉语。

Mi madre me ha hecho aprender chino.

~~我请了你喝茶~~

wǒ **qǐng** nǐ hē le chá

我**请**你喝了茶。

Te invité a tomar té.

Vamos a presentar los usos de los verbos causativos más comunes en chino acompañados de varios ejemplos que le permitirán acabar de familiarizarse con su uso.

使,让 y 叫 tienen algunos de sus significados comunes y en ocasiones es posible substituir uno por otro.

El verbo que más usos tiene es 让. Puede adoptar el significador de permitir, pedir, solicitar, hacer sentir ...

ràng

让

Permitir
Hacer que,
Dejar que

让 con el significado de **permitir** a alguien hacer algo puede ser substituido por 允许. En este caso la forma negativa se construye con 不

nǐ bà **bù ràng** nǐ chōu yān
你爸**不让**你抽烟。
Tu padre no te permite fumar.

mā mā bù **ràng** hái zi hē kā fēi
妈妈不**让**孩子喝咖啡。
Mamá no deja que sus hijos tomen café.

让 también puede tener el significado de **pedir** o **solicitar** a alguien hacer algo. En este caso la forma negativa se construye con 没:

nǐ bà **ràng** nǐ qù xué xí
你爸**让**你去学习。
Tu padre te pide que estudies.

nǐ bà **méi ràng** nǐ dào qiàn
你爸**没让**你道歉。
Tu padre no te pidió que te disculparas.

tā **ràng** wǒ lái bāng zhù nǐ
她**让**我来帮助你。
Me pidió que viniera a ayudarte.

yī shēng **ràng** wǒ měi tiān chī sān cì yào
医生 **让** 我每天吃三次药。
El médico me dijo que tomara la medicación tres veces al día.

让 también puede ser utilizado para **pedir permiso**

ràng wǒ kàn
让我看。
Deja que te mire.

qǐng ràng wǒ guò qù
请，让我过去。
Por favor, déjenme pasar.

También puede ser traducido como **hacer sentir algo**. En este caso podemos usar 使 en su lugar

zuò yè ràng wǒ xiǎng kū
作业让我想哭。
Los deberes me dan ganas de llorar.

xī yān ràng kōng qì nán wén
吸烟让空气难闻。
Fumar hace que el aire huela mal.

zhè shuāng pí xié yǒu diǎn ér xiǎo ràng tā hěn bù shū fu
这双皮鞋有点儿小，让他很不舒服。
Los zapatos de cuero son un poco pequeños y le incomodan.

tā xué xí bù nǔ lì zhè ràng mā mā hěn zhāo jí
他学习不努力，这让妈妈很着急。
No estudia mucho y esto angustia a su madre.

> shǐ
>
> # 使
>
> Hacer sentir

Tiene el significado de **hacer sentir.** De manera informal también es posible utilizar 让 con este significado.

xī yān shǐ wǒ kuài lè
吸烟使我快乐。
Fumar me hace feliz.

zuò yè shǐ wǒ xiǎng kū
作业使我想哭。
Los deberes me dan ganas de llorar.

nǐ shǐ wǒ hěn nánguò

你**使**我很难过。

Me pones muy triste.

wǎngshàng gòuwù shǐ wǒ de shēnghuó gèng fāngbiàn le

网上购物**使**我的生活更方便了。

Las compras en línea me han facilitado la vida.

tā xuéxí bù nǔlì zhè shǐ māma hěn zhāojí

他学习不努力，这**使**妈妈很着急。

No estudia mucho y esto angustia a su madre.

piàoliàng de jǐngsè huì shǐ wǒ de xīnqíng biàndé yúkuài

漂亮的景色会**使**我的心情变得愉快。

Una bonita vista me alegra el ánimo.

sìchuān de huājiāo kěyǐ ràng nǐ de shétóu fā má

四川的花椒可以**让**你的舌头发麻。

La pimienta de Sichuan puede entumecer la lengua.

También podemos usar 叫 con el significado de **pedir a alguien hacer algo**. En este caso lo consideramos una versión coloquial de 让:

nǐ bà **jiào** nǐ bì zuǐ
你爸**叫**你闭嘴。
Tu padre te ha dicho que te calles.

jiào nǐ bà mǎ shàngguòlái
叫你爸马上过来。
Dile a tu padre que venga ahora mismo.

wǒ **jiào** nǐ chī fàn   nǐ jiùchī fàn
我**叫**你吃饭，你就吃饭。
Si te digo que comas, comes

lǎoshī **jiào** wǒ ménxiě yī bǎizì
老师**叫**我们写一百字。
El profesor nos a mandado/dicho/pedido escribir 100 caracteres.

wǒ jiějiě **jiào** wǒ míngtiānqù bāngtā menbānjiā
我姐姐**叫**我明天去帮他们搬家。
Mi hermana me ha mandado ayudarla mañana a hacer la mudanza.

qǐng

请

Pedir
Rogar
Invitar

tā qǐng yí gè péngyǒu lái tā nà lǐ
他请一个朋友来他那里。
Ha invitado a su amigo a venir con él.

nǐ de rènwù shì qǐng tā huí lái
你的任务是请他回来。
Tu misión es pedirle que vuelva.

lǎobǎn qǐng wǒ men chī fàn
老板请我们吃饭。
El jefe nos ha invitado a comer.

wǒ qǐng nǐ hē chá
我请你喝茶。
Te invito a beber té.

wǒ qǐng nǐ gēn wǒ yì qǐ qù kàn diànyǐng   hǎo ma
我请你跟我一起去看电影，好吗？
Te invito a venir conmigo a ver una película, te parece bien?

Otros verbos causativos

yào 要	yāo 要 qiú 求	yǔn 允 xǔ 许 Permitir	jìn 禁 zhǐ 止 Prohibir	děng 等	tīng 听

shuí **yǔnxǔ** nǐ zǒu de
谁**允许**你走的？
¿Quién te ha dado permiso para ir?

shuí **yǔnxǔ** nǐ hú lái de
谁**允许**你胡来的？
¿Quién te ha dado permiso para hacer el tonto?

wǒ **yǔnxǔ** nǐ shǐ yòng wǒ de qiānbǐ
我**允许**你使用我的铅笔。
Te di permiso para usar mi lápiz.

tā **yǔnxǔ** nǐ zuò jiān fàn kē de
他**允许**你作奸犯科的？
¿Te dio permiso para cometer adulterio?

nà jiā gōng sī **yǔnxǔ** yuán gōng chuān xiū xián fú shàng bān
那家公司**允许**员工穿休闲服上班。
Esa empresa permite a sus colaboradores vestirse con ropa de ocio durante el trabajo.

336

45 COMPLEMENTOS COMPUESTOS DE DIRECCIÓN

Expresar correctamente el movimiento en chino no es tarea fácil. En español, cuando se dice **él bajó**, se esta indicando que la persona simplemente **descendió** pero no se aclara si bajaba hacia el hablante (下来) o si bajaba alejándose del mismo (下去). El uso de 来 y 去 como complementos de dirección simples indicando la perspectiva del movimiento respecto al hablante ya ha sido introducido en este mismo volumen en un punto gramatical anterior.

Contenidos relacionados

34 El complemento de dirección

Estructura básica complemento compuesto de direccion

En esta sección vamos a ver como para expresar un movimiento completo en chino se necesita un verbo de **movimiento** (correr) seguido de un verbo de **dirección** (bajar) y un verbo de **perspectiva** (venir).

跑	下	来
Correr	Bajar	Venir
Verbo de movimiento	Verbo de dirección	Verbo de perspectiva
Bajó corriendo (Hacia el hablante)		
	Complemento Compuesto de dirección	

tā **pǎoxiàlái** le
他**跑下来**了。
Bajó corriendo. (Hacia mi)

Vamos a ver a continuación cada uno de los verbos que componen este complemente con mas detalle.

Los **verbos de movimiento** son verbos de acción que expresan algún tipo de movimiento. Son verbos de movimiento aquellos relacionados con el **desplazamiento** de personas o objetos. En la siguiente tabla se recogen los más habituales.

zǒu 走 Caminar	tiào 跳 Saltar	ná 拿 Coger	yóu 游 Nadar	pǎo 跑 Correr	kāi 开 Conducir	fēi 飞 Volar	dài 带 Llevar

Estos verbos solo indican el tipo de movimiento, cómo se produce o se consigue el mismo, no la dirección, así que normalmente suelen aparecer acompañados de un verbo que aporta la dirección. **Verbos de dirección** habituales son:

shàng 上 Subir	xià 下 Descender	chū 出 Salir	guò 过 Pasar	qǐ 起 Levantarse	jìn 进 Entrar	huí 回 Volver	dào 到 Llegar

A este le sigue uno de **perspectiva** y juntos constituyen juntos el **complemento de dirección compuesto**.

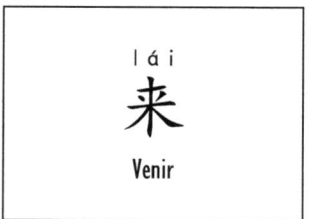

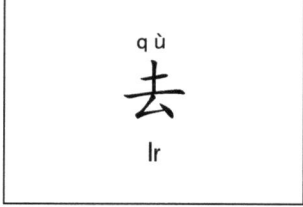

De este modo el tipo de movimiento, su dirección y su relación con el hablante quedan especificadas quedando completamente definido sin mucho espacio para la ambigüedad.

bú yào **pǎo jìn qù**
不要**跑进去**

¡No entres corriendo!

huǒ chē **kāi guò qù** le
火车**开过去**了。

El tren pasó.

méi yǒu gōng gòng qì chē　　wǒ shì **zǒu huí lái** de
没有公共汽车，我是**走回来**的。

No había autobús, he regresado andando.

xià kè le　　tóngxué men cóng jiào shì **zǒu chū qù**
下课了，同学们从教室**走出去**。

Después de clase, los alumnos han salido del aula.

tā men máng dé méi yǒu zhù yì sī bó cóng chuán **shàng xià qù** le
他们忙得没有注意司博从船**上下去**了。

Estaban tan ocupados que no pararon atención a que Sibo bajo del barco.

Si añadimos un **objeto** a la estructura , este puede preceder o seguir a 来 o 去.

lǎoshī **ná chū** yì běnshū **lái**
老师**拿出**一本书**来**。

lǎoshī **ná chū lái** yì běnshū
老师**拿出来**一本书。

El profesor sacó un libro.

bàba cóng guó wài **dài huí lái** yì xiē lǐ wù
爸爸从国外**带回来**一些礼物。

bàba cóng guó wài **dài huí** yì xiē lǐ wù **lái**
爸爸从国外**带回**一些礼物**来**。

Papá trajo algunos regalos del extranjero.

Sin embargo si el objeto es algo más largo suena algo más natural si lo emplazamos al final de la oración:

zěn me hái mǎi yì píng hóng jiǔ huí lái le
怎么还买一瓶红酒回来了？

zěn me hái mǎi huí lái le yì píng hóng jiǔ
怎么还买回来了一瓶红酒？

¿Por qué has comprado una botella de vino?

Si se añade un **lugar** a la estructura resulta:

tā **pǎo shàng** shān **qù** le
他**跑上**山**去**了。

Subió corriendo la montaña.

wǒ kànjiàn nǐ **pǎo guò** qiáo **qù** le
我看见你**跑过**桥**去**了。

Te vi cruzando el puente corriendo.

lǎoshī **zǒu jìn** jiàoshì **lái**
老师**走进**教室**来**。

El profesor entró en el aula.

dì dì **pǎo xià** lóu **qù**
弟弟**跑下**楼**去**。

Mi hermano bajó corriendo las escaleras.

tā bǎ shū **dài huí** túshūguǎn **qù** le
他把书**带回**图书馆**去**了。

Él trajo de vuelta el libro a la biblioteca.

---

xià kè le　　tóngxué men **cóng** jiàoshì **zǒu chū qù**
下课了，同学们**从**教室**走出去**。

xià kè le　　tóngxué men **zǒu chū** jiàoshì **qù**
下课了，同学们**走出**教室**去**。

---

tā cóng fángjiān lǐ zǒuchūlái

他从房间里走出来。

Él sale de la habitación (andando).

tā cóng yǐ zi shàng zhànqǐlái

他从椅子上站起来。

Se levantó de la silla.

māo cóng shù shàng tiàoxiàlái

猫从树上跳下来。

El gato salta desde (encima de) el árbol.

Finalmente, comentar que si la frase se construye con la partícula 了 , entonces el objeto se situa al final de la frase.

gē gē mǎihuílái le yí gè xī guā

哥哥买回来了一个西瓜。

Mi hermano volvió a comprar una sandía.

45.1 SIGNIFICADOS EXTENDIDOS DE LOS COMPLEMENTOS DE DIRECCIÓN

En esta sección, exploraremos los significados extendidos de los complementos de dirección en chino. Aunque originalmente indican movimiento físico, estos complementos también pueden expresar **ideas abstractas**, como cambios de estado o el inicio o cese de una acción de una acción, ampliando así su uso más allá del sentido literal.

45.1.1 USOS AMPLIADOS DE 出来

Según lo comentado hasta ahora 出来 se usa como complemento de dirección para indicar el movimiento **hacia afuera** desde un lugar cerrado o delimitado.

tù zi tū rán **tiào** le **chū lái**
兔子突然**跳**了**出来**。
De repente el conejo saltó fuera.

tīng dào shēng yīn　tā mǎ shàng cóng fáng jiān lǐ **pǎo chū lái**
听到声音，他马上从房间里**跑出来**。
Cuando escuchó el ruido, salió corriendo de la habitación.

En este punto gramatical, analizaremos los usos ampliados de 出来 un complemento de dirección que, además de indicar movimiento hacia afuera, se emplea en chino para expresar la manifestación o **aparición de algo o de una nueva situación**. En algunos casos puede indicar la **comprensión repentina** y puede tener el significado de **reconocer** o darse cuenta.

tā cóng dǐ piàn lǐ **xǐ chū lái** le yì xiē lǎo zhào piàn
他从底片里**洗出来**了一些老照片。
Reveló algunas fotos antiguas del negativo.

zhè ge zì nǐ néng **xiě chū lái** ma
这个字你能**写出来**吗
¿Puedes escribir esta palabra?

péngyǒu xiǎngchūlái yí gè xuéhànyǔ de hǎobànfǎ
朋友 想 出 来一个学汉语的好办法。

A un amigo se le ocurrió una forma estupenda de aprender chino.

nǐ huà de hěnkuài   yīhuìr érjiù huàchūlái le
你画的很快，一会儿就画出来了。

Lo dibujas rápidamente, en un momento.

zhè ge jùzǐ cuò le   nǐ kàn de chūlái ma
这个句子错了，你看得出来吗

Esta frase es incorrecta, ¿puede verla?

zhè ge hǎozhǔyì shì zěnme xiǎngchūlái de
这个好主意是怎么想出来的

¿Cómo se te ocurrió esta gran idea?

zhè tiáo xīnwén yǐjīng bèi fābù chūlái le
这条新闻已经被发布出来了。

Esta noticia ya ha sido publicada.

tā xiǎng le hěnzhǎng shíjiān   xiǎngbù chū hǎobànfǎ lái
他 想 了 很 长 时 间，想 不 出好办法来。

Lo pensó durante mucho tiempo y no se le ocurrió una buena idea.Ponerse de pie

En algunos casos puede indicar la comprensión repentina y puede tener el significado de **reconocer** o **darse cuenta**.

nǐ tīngchūlái le ma   zhè shì shuí de shēngyīn
你听出来了吗 这是谁的声音

¿Lo oyes? ¿De quién es esa voz?

tā biànpàng le   wǒ zhēn de rènbù chūlái tā le
他变胖了，我真的认不出来他了。

Se ha vuelo gordo, ya no lo reconozco.

wǒ kànchūlái le   zhè shì èrniánjí de nà ge nǚháizǐ
我看出来了，这是二年级的那个女孩子。

Puedo verlo, es la chica de segundo año.

wǒ **hē bù chū lái** zhè liǎng bēi kā fēi yǒu shén me bù yí yàng
我**喝不出来**这 两 杯咖啡有什么不一样。

No puedo notar la diferencia entre las dos tazas de café.

wǒ zhōng yú **xiǎng chū lái** jiě jué zhè ge wèn tí de fāng fǎ le
我 终 于 **想 出来**解决这个问题的 方法 了。

Finalmente descubrí cómo resolver este problema.

wǒ zěn me yě **xiǎng bù chū lái** tā wèi shén me shēng qì
我怎么也 **想 不出来**他为什么 生气。

No puedo entender por qué está enojado.

yǒu shén me bù mǎn jiù **shuō chū lái** i ba
有什么不满就 **说出来**吧。

Si tienes alguna queja, exprésala en voz alta.

tā cóng bāo lǐ **ná chū lái** yì běn shū
他从包里**拿出来**一本书。

Sacó un libro de la bolsa.

wǒ **kàn chū lái** tā jīn tiān hěn lèi
我**看出来**他今天很累。

Me di cuenta de que hoy está muy cansado.

wǒ méi **kàn chū lái** nǐ zàng le gè lǐ wù gěi wǒ
我没**看出来**你藏了个礼物给我。

No me di cuenta de que tenías escondido un regalo para mí.

wǒ zhōng yú **suàn chū lái** zhè dào shù xué tí le
我 终 于**算出来**这道数学题了。

Finalmente calculé esta pregunta de matemáticas.

qǐng bǎ nǐ de xiǎng fǎ **xiě chū lái**
请把你的 想 法**写出来**。

Por favor, escribe tus ideas.

45.1.2 Usos ampliados de 起来

起来 en chino se refiere a la acción de **levantarse** o **ponerse en pie**. Se utiliza para describir el acto físico de **erguirse** desde una posición sentada o acostada.

nǐ bāngwǒ **zhànqǐláibɑ**
你 帮 我 **站起来** 吧。

¿Por qué no me ayudas a levantarme?

qǐ lái
起来

Sin embargo su significado puede expandirse para reflejar la percepción de la acción, su evolución o su aspecto continuo. Analizaremos ejemplos que muestran cómo 起来 puede añadir matices adicionales a las oraciones, como expresar la idea de **comenzar a hacer algo**, la **percepción** de un **cambio** en la situación, o el **aspecto progresivo** de la acción.

tā jiàndàowǒ jiù **kū qǐ lái** le
他 见 到 我 就 **哭起来** 了。

Rompió a llorar cuando me vio.

wǒményǐ jīngjǐ niánméijiànmiàn le   suǒyǐ yì jiànmiànjiù **liáoqǐlái** le
我们已经几年没见面了，所以一见面就**聊起来**了。

Hacía un par de años que no nos veíamos, así que en cuanto lo hicimos, hablamos.

También aparece normalmente en verbos relacionados con la acción de recordar algo

nǐ **jì qǐ lái** wǒ shì shuí le ma
你**记起来**我是谁了吗
¿Recuerdas quien soy?

nǐ **néng xiǎng qǐ lái** nà shì shén me shí hòu de shì ma
你**能 想 起来**那是什么时候的事吗
¿Puedes recordar cuando sucedió?

duì bù qǐ   wǒ **xiǎng bù qǐ lái** nǐ de míng zì le
对不起，我 **想 不起来**你的名字了。
Lo siento, no puedo recordar tu nombre.

wǒ **xiǎng qǐ lái** le
我 **想 起来**了。
Me acordé.

起来 indica una ocultación, la reunión de cosas que han sido repartidas de antemano

El resultado de una acción o el inicio de una acción. Puede también tener significado de "de" con respecto a la capacidad de hacer algo.

mā mā bǎ wán jù dōu **shōu qǐ lái** le
妈妈把玩具都 **收起来**了。
Mamá guardó todos los juguetes.

tā xǐ huān bǎ tóu fà **xì qǐ lái**
她喜欢把头发**系起来**。
Le gusta atarse el pelo.

háizǐ yì diē dǎo   jiù lì mǎ **kū le qǐ lái**
孩子一跌倒，就立马**哭了起来**。
Tan pronto como el niño se cayo, inmediatamente se puso a llorar.

kuài zǐ **yòng qǐ lái** hěn bù róng yì
筷子 **用起来**很不容易。
Los palillos no son muy fáciles de usar.

gāng dào wǔ yuè   tiān qì jiù **rè qǐ lái** le
刚到五月，天气就**热起来**了
Estamos en mayo y el tiempo se está calentando.

kuàiyàokǎoshì le　　tā xiànzài máng qǐ lái le

快要考试了，他现在**忙起来**了

Es casi la época de exámenes y ahora está ocupado

yuè yǐ hòu　　běijīng jiù nuǎnhuo qǐ lái le

4月以后，北京就**暖和起来**了。

Después de abril, Beijing se vuelve más cálido.

zhè shǒu gē tīng qǐ lái hěn hǎo tīng　　dàn shì chàng qǐ lái tǐng nán de

这首歌**听起来**很好听，但是**唱起来**挺难的。

La canción suena muy bien, pero es bastante difícil de cantar.

shànghǎi huà tīng qǐ lái bù xiàng hàn yǔ

上海话**听起来**不像汉语。

El dialecto de Shanghai no suena a chino.

zhè ge cài chī qǐ lái yǒu diǎnr xián

这个菜**吃起来**有点儿咸。

Este plato tiene un sabor un poco salado.

wǒ zuì xǐ huān de shuǐ guǒ jiù shì pú táo　　chī qǐ lái tián tián de

我最喜欢的水果就是葡萄，**吃起来**甜甜的。

Mis frutas favoritas son las uvas, porque tienen un sabor perfectamente dulce.

45.1.3 Usos ampliados de 下来

Aunque 下来 se usa frecuentemente para describir la acción física de descender o bajar, su uso se expande para reflejar otros aspectos.

xià lái

下来

Se usa para mostrar que un proceso o una acción está **disminuyendo** o atenuándose poco a poco o de manera **gradual**. 下来 también aparece junto a verbos como **tranquilizarse** o **desacelerar**. Su uso es equiparable al uso de down en ingles en expresiones como **quiet down** o **slow down**. 下来 también puede el gradual desarrollo de un estado o la continuación de una acción desde el pasado hasta el presente.

tiānqì jiànjiàn **rè qǐ lái**
天气渐渐**热起来**。
El clima está gradualmente calentándose.

yīnliàngmànmàndiào**xiǎoxiàlái**
音量慢慢调**小下来**。
El volumen se está reduciendo poco a poco.

tiān**hēixiàlái** le   háizimenyàohuíjiā le
天**黑下来**了，孩子们要回家了。
Ha oscurecido, los niños deben volver a casa.

gōnggòngqìchētíngxiàlái le
公共汽车停下来了。
El autobús se paró.

tiānkōngmànmàndì hēixiàlái le
天空慢慢地黑下来了。
El cielo se oscureció lentamente.

jiǎn le yí gè yuèméiyǒu**shòuxiàlái**   wǒ yǐ jīngméiyǒuxìnxīn le
减了一个月没有**瘦下来**，我已经没有信心了。
Después de un mes de perder peso y no perderlo, he perdido la confianza.

348

雨下了三个小时，现在终于**小了下来**。

Ha estado lloviendo durante tres horas, y ahora por fin está cesando.

只要他爸爸学校鸟叫，他马上就**安静下来**了。

En cuanto su padre llama a los pájaros de la escuela, se calla inmediatamente.

我真希望时间能**慢下来**，不要过得那么快。

Me gustaría que el tiempo fuera más lento y no pasara tan rápido.

前面的车越来越慢**停下来**了。

El coche que iba delante de nosotros cada vez tardaba más en detenerse.

他把树上的梨子都摘下来了。

Ha cosechado todas las peras del árbol.

这个故事是从古代传下来的。

Este cuento fue transmitido desde tiempos antiguos.

他说他要从山下爬上去，再从山顶走下来。

Dijo que subiría desde la base de la colina y bajaría desde la cima.

45.1.4 USOS AMPLIADOS DE 下去

El complemento de dirección 下去 puede indicar que una acción ya empezada **prosigue**.

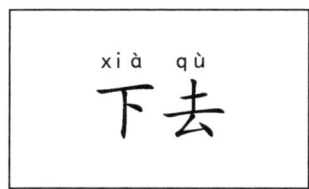

yǒuyì si   qǐngshuōxiàqù
有意思，请说下去。
Interesante, por favor continúe.

nǐ biézàishuōxiàqù le
你别再说下去了。
No digas nada más.

méiyǒunǐ wǒ zhēn de bù nénghuóxiàqù
没有你我真的不能活下去。
No puedo verdaderamente vivir sin ti.

dà jiā zhǐyàoxuéxiàqù   jiù yí dìngnéngxuéhuì
大家只要学下去，就一定能学会。
Todo el mundo aprenderá si sigue estudiando.

nǐ biéwènwǒ   kànxiàqù jiùzhīdàohòumiàn de qíngjié le
你别问我，看下去就知道后面的情节了。
No me preguntes a mí, sigue leyendo para saber qué pasa después.

tiānqì zàizhèyànglěngxiàqù   wǒ men jiùgāichuānyǔróngfú
天气再这样冷下去，我们就该穿羽绒服。
Si el tiempo sigue siendo tan frío, deberíamos llevar chaquetas de plumas.

En su forma negativa indica el cese de una acción:

wǒ lěi de xuébùxiàqù le
我累得学不下去了
Estoy demasiado cansado para aprender.